통일학술연구 ②
조선인민군과 정전협정

통일학술연구 ② 조선인민군과 정전협정

펴낸날 | 2023년 12월 15일
지은이 | 주권연구소
펴낸이 | 문경환
펴낸곳 | 도서출판 민족재단
등 록 | 2019.5.23. 제019-000004호
주 소 | 경기도 가평군 가평읍 태봉두밀로 548-13
이메일 | minjokfoundation@gmail.com
블로그 | https://blog.naver.com/mjf-press
오픈카톡방 | https://open.kakao.com/o/sdDyPKxe

가 격 | 12,000원

Copyright ⓒ 도서출판 민족재단, 2023, Printed in Korea.
ISBN 979-11-967210-8-4 (03340)

통일학술연구 ②
조선인민군과 정전협정

주권연구소

도민재

머리말

　2023년 북한의 '전승절 70주년'을 축하하기 위해 북한을 방문한 세르게이 쇼이구 러시아 국방부 장관은 7월 26일 환영 연회 연설에서 "최고사령관의 주위에 굳게 뭉친 조선인민군은 조국해방전쟁에서의 영웅적 위훈을 빛내며 부단히 위력을 강화함으로써 세계에서 제일 강한 군대로 되었다"라고 했다. 현재 미국과 어깨를 나란히 하면서 세계 최강의 군사력을 자부하는 러시아의 국방부 장관이 북한 군대를 세계 최강이라고 한 것은 단순히 과장된 표현이라고 여길 일이 아니다.

　한 달 보름 정도 지난 9월 12일, 김정은 국무위원장이 러시아를 방문해 블라디미르 푸틴 대통령과 정상회담을 갖고 러시아의 여러 시설을 참관하자 세계가 숨죽여 지켜보았다. 미국은 당장에라도 큰일이 벌어질 것처럼 흥분해서 북한과 러시아의 협력을 규탄하는 목소리를 높였다. 하지만 미국의 목소리는 허공의 메아리로 끝날 듯하다.

　우크라이나 전쟁이 장기화하면서 동맹국 내에서 미국을 향한 불만이 쏟아지고 있다. 유엔 안전보장이사회에서는 중국과 러시아가 한목소리로 북한을 옹호하고 미국을 규탄하기 때문에 미국은 아무것도 할 수 없다.

국제관계 전문가들은 무기력한 '주요 7개국(G7)'의 시대가 저물고 신흥 강국의 모임인 브릭스의 시대가 온다고 이야기한다. 일극 체제가 끝나고 다극 체제로 넘어간다는 말도 나온다. 신냉전 시대라는 주장도 있다. 그것이 뭐든 국제질서가 큰 틀에서 변화하고 있다는 점에서는 일치한다. 그리고 그 변화의 한복판에 북한의 군대가 있다.

주권연구소는 변화의 뿌리를 찾아보기로 했다. 왜 러시아 국방부 장관은 북한 군대를 세계 최강이라고 했는지, 왜 미국은 북한이 미사일을 쏠 때마다 긴장하는지, 왜 북한은 해마다 대규모 열병식을 하고 세계는 이를 주목하는지를 제대로 이해하기 위해서는 표면에 잘 드러나지 않는 진실을 파헤쳐야 한다. 북한 군대의 내면에 체화된 것은 무엇인지, 현재의 북미관계를 만든 정전협정은 어떻게 태어났고 어떻게 휴지 조각이 되었는지 알아야 오늘의 변화를 정확히 파악할 수 있다.

1부에서는 북한 군대의 역대 최고사령관인 김일성 주석과 김정일 국방위원장, 김정은 국무위원장이 북한군을 어떻게 이끌고 발전시켰는지를 살펴보고 북한군만이 가진 세 가지 특징을 살펴보았다. 2부에서는 정전협정 체결 과정과 무력화 과정, 평화협정 논의와 유엔사령부 문제 등을 종합적으로 짚어보았다.

이런 작업은 강대국 틈바구니에서 매번 혼란과 고통을 겪어야 하는 우리 처지에서도 매우 절박한 일이다. 우리의 미래는 결국 통일에 있기에 더욱 중요하기도 하다. 아무쪼록 이 책이 북한과 한반도 질서를 더 잘 이해하는 계기가 되어 평화와 통일에 이바지하기를 바란다.

2023년 9월 19일
주권연구소

| 차례 |

머리말　★ 4

1부. 조선인민군　★ 9

1장. 김일성 주석과 조선인민군
　1절. 조선인민혁명군 창건　★ 11
　2절. 국내 언론의 조선인민혁명군 보도　★ 15
　3절. 한국전쟁에서 나타난 조선인민군의 모습　★ 26

2장. 김정일 국방위원장과 조선인민군
　1절. 첫 인민군 현지지도　★ 35
　2절. 인민군 최고사령관 추대　★ 43
　3절. 선군정치　★ 51

3장. 김정은 국무위원장과 조선인민군
　1절. 인민군 최고사령관 추대　★ 59
　2절. 군 현대화 사업　★ 65
　3절. '군민일치'　★ 72

4장. 조선인민군의 3가지 특징
　1절. 수령의 군대, 당의 군대　★ 77
　2절. 국방과 경제를 제1선에서 맡아　★ 81
　3절. '군민일치'　★ 84

알림₁ '조선노동당/조선로동당'은 '노동당'으로 표기합니다.
알림₂ 'OO위원회'는 가급적 'OO위'로 간략히 표기합니다.

2부. 정전협정 ★ 87

1장. 정전협상 과정과 특징
　1절. 정전협상을 제안하기까지　★ 89
　2절. 미국의 요청으로 정전협상을 제안하다　★ 98
　3절. 정전회담 748일　★ 104

2장. 북한은 왜 7.27을 기념하는가
　1절. 6월 25일과 7월 27일　★ 119
　2절. 잊혀진 전쟁　★ 125
　3절. 7.27을 기념하는 북한　★ 130

3장. 정전협정 파괴의 역사
　1절. 이승만의 북진통일론과 출발부터 기능을 상실한 정전협정　★ 139
　2절. 전쟁 재발 감시의 무력화 및 미국의 핵무기 배치　★ 142
　3절. 무산된 평화체제 수립의 꿈　★ 147
　4절. 군사정전위 무력화 및 북한의 정전협정 무효화　★ 149

4장. 평화협정을 누가 가로막았나
　1절. 평화가 아닌 전쟁 상태 유지 강조한 미국　★ 155
　2절. 남북 평화협정 체결 요구한 북한　★ 157
　3절. 북미 평화협정 체결 요구한 북한　★ 161
　4절. 종전선언을 제안하고도 평화협정을 거부한 미국　★ 165

5장. 유엔사의 실체와 문제점
　1절. 미국의 군대, 유엔사의 탄생　★ 174
　2절. 유엔사의 문제점　★ 181

1부. 조선인민군

세계는 일극화 시대에서 다극화 시대로 빠르게 변화하고 있다.
그리고 시대 변화의 한복판에 북한이 있다.
북한의 군사력이 한반도는 물론 국제질서에 미치는 영향이 날로 커가는 가운데
북한의 군대를 역사적으로, 학술적으로 자세히 살펴보는 것은 중요한 문제다.

▲ 한국전쟁에서 공훈을 세운 병사들과 자리를 함께 한 김일성 주석. (1953.8.)

1장. 김일성 주석과 조선인민군

1절. 조선인민혁명군 창건

 북한에는 건군 관련 기념일이 2개다. 하나는 2월 8일 건군절로 1948년 김일성 주석이 조선인민군을 창건한 날이다. 다른 하나는 4월 25일 조선인민혁명군 창건일로 1932년 김일성 주석이 만주에서 반일인민유격대를 창건한 날이다. 반일인민유격대는 1934년 조선인민혁명군으로 개편된다. 북한은 조선인민혁명군이 인민군의 뿌리라는 의미로 4월 25일을 건군절로 삼아오다 2018년에 이르러 건군절을 2월 8일로 옮겼다.
 북한의 기록에 따르면 김일성 주석은 1930년 6월 30일~7월 2일 길림성吉林省 장춘시長春市에서 진행한 카륜회의를 통해 '무장투쟁 노선'을 체택히였으며, 1931년 12월 15일 길림성 안도현安圖縣에서 진행한 명

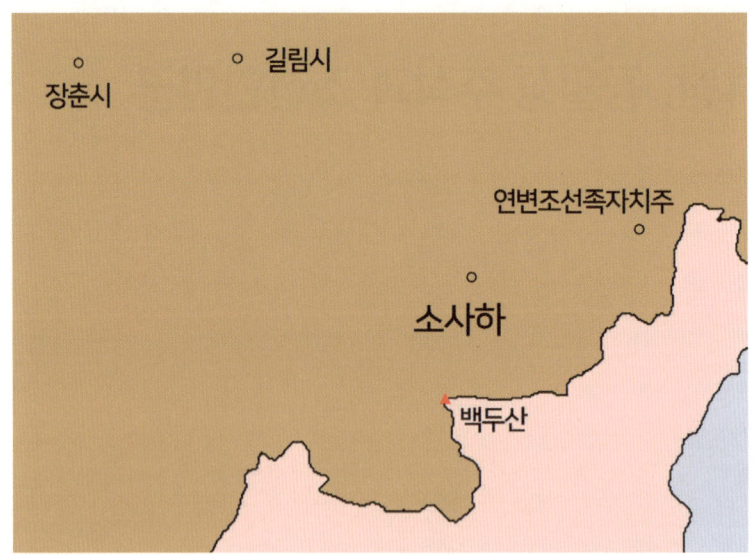
▲ 소사하 위치.

월구회의를 통해 유격대 창건을 결정했다고 한다.

이에 따라 지금의 안도현 송강진松江鎭 소사하향小沙河乡 무주촌茂朱村 북산北山(당시에는 토기점골 등판이라 불렀다)에서 청년들을 모아 군사훈련을 시작했다. 1932년 3월 중순에는 동만주의 다른 현에 조직된 유격대 소조 지휘 성원 20명가량을 모아 이틀 동안 단기 훈련을 하기도 했다. 유격대 창건 소문이 퍼져 인근 지역은 물론 국내에서도 청년들이 모였다고 한다.

김일성 주석은 1932년 4월 하순 회의를 통해 입대지망자를 최종 심사하였으며 100여 명을 선발해 1932년 4월 25일 토기점골 등판에서 반일인민유격대를 창건했다.

이상이 북한의 기록에 나오는 반일인민유격대 창건 과정이다.

▲ 무주촌 중국인들이 모금하여 세운 기념비.

 반일인민유격대 창건은 만주 지역 조선인 사회주의 세력 최초의 무장 부대 탄생이라는 의미가 있다. 당시는 민족주의자가 주축인 독립군 운동이 쇠락의 길을 걷던 때였다. 이런 시기에 사회주의 계열의 부대가 탄생한 것은 반일 운동의 흐름이 바뀌었음을 보여준다. 또한 기존 사회주의 운동이 분열과 갈등으로 지지부진한 가운데 김일성 주석이 주도한 신진 세력이 사회주의 운동의 선두에 섰음을 보여주기도 한다.

 1932년 탄생한 반일인민유격대는 1934년 조선인민혁명군으로 발전하였으며 해방 후 1948년 조선인민군으로 이어졌다. 초대 참모총장 강건, 초대 민족보위상 최용건, 초대 민족보위성 부상 김책, 평양학원(사관학교) 초대 원장 안길, 제1사단장 최광, 제2사단장 최현, 제8사단장 오백룡, 제105전차여단장 류경수, 제3여단 참모장 오진우, 보안간

▲ 김일성 주석(가운데)이 조선인민혁명군 지휘관 안길(왼쪽), 최현과 찍은 사진.

▲ 반일인민유격대 창건을 선포하는 장면을 그린 북한의 미술 작품.

부훈련대대부 문화부사령관 김일 등 조선인민군 창건의 주역들은 모두 김일성 주석과 함께 항일무장투쟁을 했던 인물들이다.

중국에서 출판된 『연변인민항일투쟁사』(최성춘, 베이징:민족출판사, 2005) 155~156쪽에는 "그(김일성 주석)는 안도현 소사하 토기점에서 군사훈련반을 꾸려 항일 청년을 양성하였으며 구국군 부대의 대장 우학선과 협의하여 항일별동대를 건립하였다. 그리고 이를 토대로 1932년 4월에 안도항일유격대를 창립하였다"라는 기록이 있다. 이 밖에 다른 중국의 역사 자료에서도 김일성 주석의 반일인민유격대 창건 기록을 찾아볼 수 있다.

반면 국내 학계에서 김일성 주석의 항일무장투쟁을 일부 인정하는 경우는 있지만 반일인민유격대 창건을 명시적으로 인정한 사례는 없다. 김일성 주석이 항일무장투쟁을 했다면 그 시작이 분명히 있을 텐데 아무도 그것을 이야기하지 않는다. 다만 역사 연구가인 고 이용섭 씨가 2015년 10월 16~21일 연변조선족자치주의 항일무장투쟁 사적지를 답사하고 정리한 기록이 있다.[01] 국내에서 더 많은 연구가 필요한 부분이다.

2절. 국내 언론의 조선인민혁명군 보도

국내에서는 김일성 주석이 지휘한 보천보 전투가 가장 유명하다. 보천보 전투는 1937년 6월 4일 밤 조선인민혁명군이 압록강을 건너 혜

---

01 이용섭, 「반일인민유격대 창건은 역사적 사실로 확증되었다」, 자주시보, 2015.12.26.

▲ 1998년 10월 26일 김병관 동아일보 회장은 북한을 방문해 김일성 주석에게 금 1.2킬로그램으로 만든 보천보 전투 호외 인쇄 원판을 선물했다. 이 선물은 현재 묘향산 국제친선전람관에 전시되어 있다. 오른쪽은 보천보 전투를 소개한 동아일보 호외 지면.

산 인근 마을인 보천보를 습격해 승리한 사건이다. 당시는 일제가 만주의 항일부대가 전멸했다고 선전하면서 국내 독립운동이 침체에 빠진 시기였기에 보천보 전투가 국내에 알려지면서 큰 충격을 주었다. 특히 동아일보는 6월 5일 두 차례나 호외를 내고 그 뒤로도 연이어 후속 보도를 냈다.

하지만 보천보 전투를 제외하면 조선인민혁명군 활동은 국내에서 거의 조명을 받지 못하고 있다. 국가보안법으로 인한 억압적 사회 분위기 속에서 김일성 주석이나 조선인민혁명군의 활동을 언급하는 것조차 금기시하기 때문이다.

그래도 찾아보면 보천보 전투 외에도 일제강점기 신문에는 김일성 주석의 항일무장투쟁 보도가 종종 등장한다. 이 가운데 몇 가지만 소개한다. (표기는 오늘날의 맞춤법에 맞게 수정했다.)

"함남도 경찰에 들어온 무선전보에 의하면 지난 13일 무송현 서남 집단부락에 토병단 쌍산호 급 김일성 연합부대 200여 명이 습래하여 이주 동포 부락에 전부 불을 질러놓고 폭행 중이라는 급보를 접한 무송현 치안대와 경찰대 100명은 즉시 현장에 출동하였다는 바 전기 습격을 받은 이주 동포 촌은 근 50여 호의 집단부락으로 방금 이주 동포들은 모두 죽었는지 살아있는지 알 수 없다고 하나 여하간 그 피해가 극히 크다고 추측된다고 한다."[02]

위 기사는 김일성 주석이 일제강점기에 발행된 언론에 처음 등장한 기사로 추정된다. 이 기사에 나오는 사건은 무송현성 전투의 일부다. 한국학중앙연구원이 발행하는 세계한민족문화대전이 소개한 무송현성 전투를 요약 정리하면 다음과 같다.

"김일성 주석이 이끄는 동북항일연군 제1로군 제6사의 주력 부대는 8월 16일 밤에 무송현성 서남쪽의 송수진을 공격하여 만주국군 소부대를 격멸하고 그곳을 점령하여 적의 주의를 끌었다. 이후 중국인 왕덕태를 총지휘로 하는 제2군 부대는 제4사 2단과 제6사 그리고 만순·점산호·문명군 등 마적 계통의 항일의용군과 힘을 합쳐 총 1,800여 명의 병력으로 무송현성을 공격하였다. 일본군이 관동군 본부에 구원을 요청하여 비행기 2대 그리고 주변에서 원군이 무송으로 달려왔지만 동북항일연군은 이미 멀리 철수한 뒤였다. 동북항일연군과 항일의용군까지 합세하여 전개한 대규모 시가지 기습 전투였다는 점에서 일본 관동군

---

02 「소언힌 압록강 대인!」, 조신중잉일보, 1936.8.19.

과 만주국 당국에 큰 충격을 준 사건이었다."

정리해보면 먼저 무송현 서남쪽 집단부락인 송수진을 공격하는 유인작전을 펴 무송현 치안대와 경찰대 100명을 유인한 뒤 무송현성을 공격한 것이다. 조선중앙일보 기사는 유인작전을 보도한 것이며 기사에서 '쌍산호'로 나오는 인물은 '점산호'로 추정된다.

"장백현 내에 잠입해 폭위를 벌이고 있는 비적은 상관 방자 호농(대지주)인 이주 조선인 김정부 씨 외 6명을 납치했지만 그중 김만두 씨는 김정부 씨에 대해 현금 1만 엔, 다른 2명에 대해 각 현상금 1,500엔, 노동복·작업화 각각 125명분, 그 밖에 회중전등, 각종 약품, 의료품 등 다수를 강요한 협박장을 부탁받아 4일 상관 방자에 귀환했다. 김만두 씨의 보고에 따르면 적정은 대강 왼쪽에 적은 대로, 비적 수장은 동북연합혁명군 25군 사령부 정치부원 갑산군 회린면 석양리 출신 김일성(28)이며 그들은 2두강 서쪽 2리(혜산에서 8리)에 있는 큰 숲 안에 본거지가 있으며 100미터마다 초병을 두고 천교강(약 100호), 마가자(약 300호)를 중심으로 한 15여 리의 이주 조선인 부락(인구 약 1만 명)에 교묘하게 식량을 제공하고, 대단히 엄중한 경계 속에 팸플릿 등을 배부하며 공산주의 선전을 하고 있다."[03]

경성일보는 조선총독부 기관지로 일제의 시각에서 쓴 기사임을 감

---

03 「동포 6명을 납치」, 경성일보, 1936.9.11.

◀ 1936년 9월 11일 자 경성일보 기사.

안하여 볼 필요가 있다.

　기사에 등장하는 동북연합혁명군은 조선인민혁명군을 의미한다. 당시 조선인민혁명군은 여러 이름으로 불렸다. 예를 들어 중국인 부대와 공동작전을 펼 때는 동북항일연군으로 불렀고, 조선인에게 소개할 때는 조선인민혁명군이라 부르는 식이었다. 거기다 언론은 명칭을 정확히 표기하지 않는 경우가 많았고, 일제의 시각에서 '공비', '비적', '공군(공산군을 뜻함)' 등으로 표기하기도 했다.

　또한 이 기사와 같이 조선인민혁명군이 민가를 약탈했다는 식의 보도가 많은데 당시에는 민간인이 조선인민혁명군에게 원호 물자를 전달하거나 물자 수송을 도와주면 처벌받기 때문에 일제의 탄압을 피하고자 약탈당했다거나 끌려갔다는 식으로 둘러대는 경우가 많았다고 한다. 또 친일 지주의 경우는 재산을 몰수하여 일부는 군자금으로 쓰고 일부는 소작농 등 주민에게 나눠주기도 했다고 한다.

기사에 나오는 김정부 씨는 김일성 주석이 '애국 지주'로 회고한 인물이다. 김일성 주석은 회고록 『세기와 더불어』에서 위 사건을 자세히 소개했다. 기사에 나오는 김만두 씨는 김정부 씨의 아들로 '부친이 비적에 억류되어 몸값을 지불하라는 협박을 받았다'는 명분으로 일제 군경을 속이고 조선인민혁명군에 막대한 돈과 군비 물자를 제공했다고 한다.

> "(생략)… 지난 10일에 도경찰부에 들어온 정보를 보면 16도구 요방자에 옮겨온 동북인민혁명군 김일성의 일대 200여 명은 며칠 전부터 해동리 약 70호나 되는 이주 동포에 대하여 집마다 좁쌀 일두식을 제공하라고 매일 위협하고 있는데 동포들은 좁쌀은 없으므로 보리를 바치려고 모으는 중에 있다. 그리고 16도구 대덕수리에도 역시 김일성의 일대가 습격하여 …(생략)"[04]

앞의 기사보다 3일 뒤에 나온 것으로 여기서는 '동북인민혁명군'이라고 썼다. 당시 국내에는 조선인민혁명군이나 동북항일연군의 정보가 많지 않았던 것으로 보인다. 이 기사에는 김일성 주석의 부대원이 200여 명으로 나온다. 당시 일제는 민심이 조선인민혁명군에 쏠릴까 봐 사람들이 항일부대를 도적단으로 여기게끔 모략선전을 했다고 한다.

---

04 「대안 습래한 공군 극도의 식량난」, 조선일보, 1936.9.14.

"동북인민혁명군 장백 파견 대장 김일성 일파 500명은 방금 19도구 흑활자 부근에 집결하여 장백부를 엿보고 있던 중 대안 혜산진에서 연일 토벌하므로 전기 장소에서는 과동할 수 없으므로 임강 무송현경에 웅거하고 있는 만순·만군의 합류대 약 400명과 합류하여 13·14도구를 습격하고 과동할 계획이라 하는바 만순·만군은 8도구에 당도하고 김일성군은 부운수 리명수 부근에 도착하였다고 하며 변장한 밀정을 대안 부락에 파견하여 일만(일제·만주국) 군경의 경비 상태를 내탐하며 서로 연락을 취한다고 하는바 신갈파 호인서에서는 철야 경계 중이라 한다."05

조선인민혁명군의 규모를 짐작할 수 있는 보도다. 만순 부대는 앞의 무송현성 전투에도 등장하며 만군 부대도 마적 계통의 항일의용군이다. 북한 문헌에는 김일성 주석이 마적 집단을 설득하여 항일을 하도록 만든 사례가 다수 나온다.

국내 학계는 흔히 1937년 6월 4일 보천보 전투 이후에 김일성 주석의 이름이 국내에 알려졌다고 본다. 하지만 그 전에 이미 김일성 주석의 이름이 언론에 여러 차례 등장함을 알 수 있다. 아래 기사로도 확인할 수 있지만 대략 1936년 봄부터 국내에 이름이 퍼진 것으로 보인다.

"전기공산계 병비의 두목 김일성은 평양 출생의 올해 27세라고 하는 아직 연소한 자인데 김일성의 이름이 전하기는 작년 이른 봄부터로 그 세력은 확실치 않으나 장백현을 근거지로 지금까지 수시 출몰하였는데

---

05 「김일성 만순·만군 합류 공군부대 장백부 습격 단념」, 조선일보, 1936.11.23.

▲ 보천보 전투를 그린 북한의 미술 작품.

▲ 보천보 전투 당시 경찰관 주재소.

종래에도 무기를 가지고 있은 것은 알려있던 바이나 이번에 경기관총 4대를 가졌던 것 등으로 보아 무기도 상당히 가지고 있는 것으로 관측되고 있다. 또 김일성은 그의 아버지 때부터 만주에 건너가 그 방면에 참가하여 있는 것이라고 전한다."[06]

보천보 전투 직후 이런 식으로 김일성 주석과 조선인민혁명군을 소개하는 보도가 쏟아졌으며 그중에는 오보도 있었다.

"김일성은 일찍부터 압록강 대안 장백, 무송현 하에 반거하여 코민테른의 사익 하에 소재의 주민에 대하여 공산주의를 고취하는 동시에 반만항일의 기운을 양성하기에 노력하고 혹은 일반군에 대하여 불령행동으로 만주국의 치안을 비상히 위협하였다. 그런데 모처에 들어온 정보에 의하면 지난 13일 만주국군 토벌대는 김일성의 주재지를 탐지하고 그곳을 공격하여 격전 5시간 후 그를 죽였다 한다. 과연 그것이 사실이면 오랫동안 질곡 하에서 신음하는 부민의 안전은 물론이요 국경지대의 치안에도 중대 관계가 있는 것이라 하여 조선군 당국에서는 자못 기뻐하고 있다 한다."[07]

물론 뒤에 오보로 드러났지만 이 보도를 통해 당시 김일성 부대가 일제의 만주국 치안을 '비상히 위협'하고 있음을 볼 수 있다. 이 기사에 나오는 '조선군'은 한반도에 주둔한 일제 군대를 의미한다. 일제가 보

---

06 「김일성의 내력」, 조선일보, 1937.6.6.
07 「김일성 피살?」, 동아일보, 1937.11.18.

천보 전투의 치욕을 만회하기 위해 이런 오보를 돌린 것으로 추정된다.

"지난 14일 이래 압록강 대안 장백현에서 성히 준동을 개시한 김일성 비단 600여 명은 대안 각처에 출몰하고 있었는데 17일 오전 0시 반경에는 함남 혜산진 직대안 3호 관채목공사의 인부 집을 습격, 인부 3명을 납치하여 인부들에게 조선 내의 경비 상황을 심문하고 동일 오전 10시경에 인부들을 석방하였다. 동 비단은 식량난에 빠져 대거 부락 습격을 기도하는 모양 같다. 일부는 백두산 산록에서 함남에 잠입할 우려가 있으므로 함남북 양도 국경 제 일선 경비에는 아연 긴장하여 엄계에 당하고 있다."[08]

600여 명은 언론 보도에 나온 김일성 부대 가운데 가장 규모가 큰 것으로 보인다. 북한 문헌에 따르면 조선인민혁명군은 벌목공의 도움을 많이 받았다고 한다. 당시 벌목공은 주로 일본인 벌목회사에 고용되어 매우 열악한 생활을 했기 때문에 조선인민혁명군은 벌목공의 요구에 따라 일본인 관리자를 처단하거나 혼을 내주는 등 벌목공을 도와주기

---

08 「김일성 일파 600명 월경 습격의 태세」, 동아일보, 1939.5.19.

[25쪽 아래 사진 설명] 1943년 10월 5일 야전 훈련 후 북야영에서 촬영한 국제연합군 대원들. 앞줄 오른쪽에서 두 번째가 김일성 주석. 앞줄 왼쪽부터 바탈린(소련), 리조린(장수전) 정치 부여단장(중국), 왕일지(주보중 부인·중국), 주보중 여단장(중국), 김일성 제1영장, 시린스키 부여단장(소련). 둘째 줄은 왼쪽부터 장광적, 풍중운, 왕효명, 왕명귀, 팽시로(모두 중국인). 셋째 줄 왼쪽부터 양청해(중국), 서철, 강건, 김광협, 수장청(중국). 넷째 줄 왼쪽부터 안길, 박덕산(김일), 최용진, 도우봉(중국), 김경석.

▲ 김일성 주석(둘째 줄 가운데)이 조선인민혁명군 대원들과 찍은 사진.

도 하였고 이에 많은 벌목공이 조선인민혁명군에 입대했다고 한다.

"간도성 안도현의 대마록구를 습격한 김일성 일파의 비단을 토벌키 위하여 출동한 만주국군 토벌대는 지난 25일 오후 4시 반 대마록구 서남지구 3리의 합수 지점 795고지에 이르렀을 즈음 돌연 산악지대에 잠복 중의 비단 약 200명이 습래, 비단은 여세를 타서 남하 조만 국경 부근에 이르르는 형세로 함북 3장서급 함남 혜산 신갈파의 각 경찰서에서는 관내 강안 일대를 엄계 중이라 한다."[09]

북한 문헌에 따르면 김일성 주석은 위 기사에 나오는 것처럼 유인·매복전을 통해 많은 성과를 얻었다고 한다. 이 기사를 통해 1940년대에도 조선인민혁명군이 활동하고 있음을 볼 수 있다. 이후 1941년부터 해방될 때까지 김일성 주석의 소식은 언론에 더 이상 나오지 않는다. 이 기간에 조선인민혁명군이 정찰 위주의 소부대 활동으로 전환한 이유도 있지만 일제의 언론 검열이 심해진 결과일 수도 있다.

3절. 한국전쟁에서 나타난 조선인민군의 모습

한국전쟁 전반을 다루기에는 그 양이 너무 방대하므로 여기서는 몇 가지 사례를 통해 김일성 주석이 조선인민군을 어떻게 지휘했는지 그 특징을 살펴보고자 한다.

---

09 「김일성 일파 안도현에 습래」, 동아일보, 1940.3.29.

1. 대전 전투

1950년 7월 3일 인민군이 한강 도하작전을 시작했다. 이후 미군은 계속 밀려 대전까지 후퇴했다. 미8군 제24사단(사단장 윌리엄 딘 소장)은 7월 17일 대전에 집결했다. 이때 김일성 주석은 대전 포위 작전을 명령한다. 미군을 남쪽으로 계속 밀고 내려가는 식이 아니라 포위 섬멸하면서 진격하겠다는 것이다. 인민군은 밤낮을 쉬지 않고 행군하여 대전을 완전히 포위했다.

7월 19일 새벽 시작된 인민군의 포위 공격은 20일 저녁까지 이어졌다. 사방에서 인민군에 밀리던 미군은 포위에서 벗어나기 위해 흩어져서 산을 넘기 시작했다. 사단장인 딘 소장은 탈출 과정에서 일행과 떨어져 길을 헤매다 전북 진안에서 인민군에게 붙잡혀 포로가 되었다. 흥미롭게도 제2차 세계대전 당시 연대장이었던 딘 소장은 "전투에서 가장 치욕스러운 것은 적에게 포로로 잡히는 것"이라는 말을 외우고 다녔다고 한다.

대전 전투에 투입된 미군은 약 4천 명이다. 이 가운데 48명 전사, 228명 부상, 874명 실종이라는 처참한 결과가 나왔다. 결국 미 제24사단은 제1기병사단으로 교체되었다. 반면 인민군은 탱크 15대가 파괴된 것을 제외하면 큰 타격을 입지 않았다.

대전 전투는 미군이 전쟁 초반부터 고전했음을 보여주는 사례다. 미군은 전쟁 마지막까지도 고전을 면치 못했다. 정전협정 체결 직전인 1953년 5월 중순부터 7월 하순까지 북한은 3차례 공세를 펼쳤다. 이 과정을 기록한 클라크 미군 사령관의 전황 보고를 인용해본다.

◀ 포로에서 석방된 후
도쿄육군병원에서 기자회견을 하는
딘 소장. (1953.9.)

"5월 후반부 2주 동안 적 중대들과 대대들의 맹렬한 공격은 1953년에 들어 지금까지 치러진 지상 전투 중 가장 격렬했으며, 병력이 적었던 몇몇 유엔군 전초진지들을 상실하는 결과로 끝났다."

"5월에 시작된 격렬한 지상전은 6월에 더 격화되었다. 중대 규모로부터 사단 규모에 이르는 공산군 병력이 유엔군의 전초진지들과 주저항선 진지들에 대해 104번이나 강하게 몰아쳤다."

"(공산군이) 24시간 동안 전선 너머로 퍼부은 폭탄 수가 131,800발이라는 새로운 최고 기록을 세우기도 하였다."

"(7월 하반기에) 중대에서 사단 규모에 이르는 공산군 병력은 중부전선에 연한 유엔군 전초진지와 주저항선 진지에 대해 무자비한 공격을 가하였다. 그 전선의 서부지구에서 유엔군은 중대 혹은 그보다 큰

▲ 금성 전투. [출처: 디지털철원문화대전]

규모의 적 공격으로 다섯 번의 전투를 치렀고, 중앙지구에서 스무 번, 동부지구에서 세 번의 전투를 치렀다."[10]

특히 7월 13~20일 중부 전선 금성 전투에서 유엔군은 5만여 명의 사상자를 내고 주요 고지를 빼앗기는 등 막대한 손실을 보았다.

제2차 세계대전에서 승리하며 승승장구하던 미군이 독립한 지 몇 년 되지도 않은 작은 신생 국가와 전쟁을 하면서 고전할 것이라고는 아무도 예상하지 못했다. 상대편 최고 지휘관이 유격전의 경험만 있을 뿐 정규전은 처음 지휘한다는 점에서 미국에는 더욱 충격이었을 것이다.

---

10 미 해외참전용사협회 / 박동찬·이주영 역, 『한국전쟁 1』, 눈빛, 2010, 739~743쪽.

2. 제2전선

미군의 대규모 증원으로 낙동강 전선을 유지할 수 없게 되자 김일성 주석은 '전략적 후퇴'를 결정한다. 이와 함께 정규전으로서는 대단히 이례적으로 1개 군단에 맞먹는 규모의 제2전선을 구축했다. 김일성 주석은 항일무장투쟁을 함께 했던 최현 2사단장에게 제2전선군을 맡겼다.

미 2사단 한국군 선임참모 출신의 길광준 중령은 저서 『사진으로 읽는 한국전쟁』(예영커뮤니케이션, 2005)에서 "이들(제2전선군)의 활동은 미군의 병참선 차단과 후방교란에 집중하여 상당한 효과를 거두었다"라고 평가했다. 한국군 5사단은 태백산·오대산의 3·4·5사단 제2전선군 4천 명에게, 한국군 9사단은 춘천·화천 일대의 10사단 제2전선군에게, 한국군 17연대는 시변리·철원·평강의 제2전선군 4천 명에게 후방에서 묶여있었고 미 3사단도 원산 상륙부대의 활동을 방해하는 원산과 함흥 지역의 제2전선군에게 묶여 북진하지 못하고 있었다고 한다. 또 "전선에 투입되어야 할 미 9군단도 북진에 참가하지 못한 채 서울-부산 간 병참선 방호작전에 매달려야만 하였다. 게릴라들(제2전선군)의 극렬한 활동으로 시변리, 평강, 함흥 지역의 도시가 한때 적의 수중에 들어가기도 하였다"라고 했다.

이런 제2전선 방식은 정규전에서 운용하기가 매우 어렵다. 정규군은 국가(후방)의 보급이 생명이기 때문이다. 예나 지금이나 보급로가 끊기는 순간 전쟁에서 패하는 게 상식이다.

그렇다면 제2전선군은 보급 문제를 어떻게 해결했을까? 김일성 주석이 제2전선군을 조선인민혁명군 출신 최현 2사단장에게 맡긴 이유를 여기서 추정해볼 수 있다. 조선인민혁명군은 항일무장투쟁 과정에서 후방이 없이 지역 주민의 도움으로 식량과 옷을 해결했다고 한다. 무기는 적에게 빼앗아 충당할 수 있었다. 여기서 중요한 것은 민심을 얻는 것이다. 아마 김일성 주석은 인민군이 민심을 얻을 수 있다는 판단을 내렸기에 제2전선을 구축하기로 하지 않았을까 싶다.

3. 1211고지 전투

정전회담이 부진하자 1951년 9월 들어 미군은 추계공세를 시작했다. 추계공세의 핵심은 강원도 양구 1211고지 전투였는데 이 고지를 점령하면 미군은 원산까지 진격할 수 있었다. 한마디로 군사전략적 요충지다.

9월 5일부터 16일까지 한국군 5사단 27연대가 3차에 걸쳐 1211고지를 공격하여 한 차례 탈환하기도 했으나 결국 점령에는 실패했다. 17일부터는 35·36연대가 41일간 8차에 걸쳐 공격했으나 끝내 고지를 점령하지 못했고 이후 다른 부대들도 끝내 고지를 점령하지 못했다. 북한 자료에 따르면 10월 20일까지 미군이 130여 회 공격을 되풀이했으나 8천여 전사자를 남긴 채 철수했다고 한다.[11]

북한에서 1211고지 전투로 유명한 인물은 '리수복 영웅'이다. 북한 기록에 따르면 리수복은 "불 뿜는 적의 화구를 몸으로 막아 조국과 수령을 보위한 육탄 영웅"이며 「하나밖에 없는 조국을 위하여」라는 시를

---

11 육군본부, 『전장사례연구 3』, 육군본부, 1987.

▲ 최전방에서 병사들과 담화하는 김일성 주석. (1951.4.)

▲ 화선 공개 당 총회에서 1211고지 사수 결의를 다지는 인민군 병사들.

남긴 병사다.

 1211고지 전투에서 주목할 지점은 이곳이 낙동강 전투와 함께 한국전쟁 최대 격전지였음에도 김일성 주석이 직접 고지를 찾아갔다는 것이다. 김일성 주석은 1951년 9월 23일 1211고지를 방문하여 장병을 격려했으며 장병들은 김일성 주석 앞에서 결의를 다졌다고 한다. 북한은 전쟁에서 무기보다 사람(군인)이 더 중요하며, 특히 군인의 정신력이 결정적 변수라고 주장한다. 김일성 주석의 1211고지 방문은 이와 관련한 대표적인 사례라고 하겠다.

※ 1부 1장에서는 편의상 중국 지명과 인명을 한국식 한자음에 따라 표기했다.

▲ 다박솔 중대를 현지지도한 김정일 국방위원장. (1995.1.)

2장. 김정일 국방위원장과 조선인민군

1절. 첫 인민군 현지지도

　북한은 김정일 국방위원장이 김일성 주석과 함께 1960년 8월 25일 '근위 서울 류경수 제105 탱크 사단'(이하 '105 탱크 사단')을 현지지도한 것을 선군영도의 출발로 본다.
　김정일 국방위원장의 이 현지지도에 어떤 의미가 있는지 알기 위해서는 먼저 위 부대에 관하여 알아야 한다.
　김일성 주석은 해방 후 인민군을 창건하면서 "현대전에서 탱크가 차지하는 위치와 역할의 중요성을 깊이 통찰"하여 항일무장투쟁을 함께 했던 류경수에게 전차부대 건설을 맡겼다고 한다. 그렇게 류경수 여단

▲ 105 탱크 사단을 방문한 김정일 국방위원장. (1960.8.25.)

▲ 김일성 주석과 함께 군부대를 현지지도하는 김정일 국방위원장. (1963.2.6.)

장이 이끄는 북한의 첫 전차여단이 탄생했다.[01]

이 전차여단은 한국전쟁이 발발하자 3일 만에 서울에 진입해 서대문 형무소와 방송국을 점령하고 중앙청에 북한 국기를 게양했다. 이에 1950년 7월 27일 최고인민회의 상임위 정령 제54호에 의해 '근위 서울 제105 탱크 사단'으로 승격하였고 2001년 5월 23일 최고사령관 명령 제0089호에 의해 지금의 이름인 '근위 서울 류경수 제105 탱크 사단'이 되었다.

이처럼 105 탱크 사단은 북한에 있어 현대적 무장의 상징이자 기계화 부대의 대표, 인민군의 자랑이라고 할 수 있다. 이 때문에 북한의 최고지도자들은 이 부대를 자주 현지지도하였으며 이는 단순한 군사활동을 넘어 정치·외교적 의미까지 갖는다고 할 수 있다. 김정은 국무위원장도 김정일 국방위원장 장례 이후 첫 공식 활동으로 2012년 1월 1일 105 탱크 사단을 현지지도해 선군정치를 계승하겠다는 의지를 내외에 분명히 했다.

김정일 국방위원장은 첫 105 탱크 사단 현지지도에서 김일성 주석이 "인민군대의 강화발전에서 항구적으로 틀어쥐고 나가야 할 강령적 지침"을 밝혀주는 모습을 보며 김일성 주석이 개척한 "선군혁명의 길을 끝까지 걸어갈 굳은 결심"을 다졌고 김일성 주석을 "목숨으로 사수"하겠다고 맹세했다고 한다.[02]

북한은 김정일 국방위원장의 첫 105 탱크 사단 현지지도의 의의를 두 가지로 본다.

---

01 「'탱크사단 현지지도는 선군영도의 첫 자욱'」, 통일뉴스, 2007.2.8.
02 통일뉴스, 앞의 기사.

하나는 김일성 주석의 선군사상과 선군영도를 높이 받든 보좌 활동이었다는 점이다.

1960년이면 김정일 국방위원장이 18세로 김일성종합대학 1학년 시절이다. 김정일 국방위원장이 일찍부터 김일성 주석의 군사 활동을 보좌했음을 알 수 있다. 김정일 국방위원장은 이때부터 1991년 최고사령관에 임명될 때까지 인민군 부대를 2천여 단위나 현지지도했다고 한다.[03]

다른 하나는 "인민군대를 수령 옹위의 주력군으로 강화·발전시키는 데서 나서는 강령적 지침과 무장 장비의 현대화, 사회주의 건설에서 인민군대가 차지하는 위치와 역할을 밝혀준 것"이다.[04]

당시 현지지도의 구체적인 내용을 알 수는 없으나 김정일 국방위원장이 김일성 주석의 현지지도를 지켜보기만 한 것이 아니라 나름의 '지도 활동'을 한 것으로 추정할 수 있다. 북한 기록에 따르면 김정일 국방위원장은 대학생 시절에 이미 정치, 경제, 외교, 사회, 문화 등 다방면에 걸친 저술 및 지도 활동을 했다고 한다. 따라서 군사 분야에서도 이와 같은 활동이 충분히 있었을 것으로 볼 수 있다.

첫 105 탱크 사단 현지지도 이후 김정일 국방위원장은 선군영도를 계속했다고 한다. 여기에는 1962년 12월 노동당 중앙위 제4기 제5차 전원회의에서 '경제-국방 병진 노선'이 결정된 것이 큰 영향을 주었다. 경제-국방 병진 노선을 관철하기 위해 김일성 주석이 국방 부문 현지지도를 강화하였고 이에 김일성 주석을 보좌하는 것을 자신의 임무로

---

03 탁진 외, 『김정일지도자 4』, 평양출판사, 1998, 42쪽.
04 통일뉴스, 앞의 기사.

여긴 김정일 국방위원장 역시 선군영도를 한 것이다.

이 시기 김정일 국방위원장의 선군영도에서 중요한 지점은 인민군 내에 '유일사상 체계'를 세우는 것이었다.

김정일 국방위원장은 김일성 주석이 1963년 2월 6일 대덕산 초소를 현지지도하며 '일당백' 구호를 제시하였을 때 '반당·반혁명 종파분자들'이 반대하자 "이 자들의 책동을 단호히 짓부수고 ('일당백'을) 인민군대가 항구적으로 틀어쥐고 나가야 할 전략적 구호로 제정"했다고 한다.[05]

또 군부대 안에 군벌관료주의가 발생하자 1969년 1월 인민군 당위원회 제4기 제4차 전원회의를 보고서 준비부터 결정서 작성까지 직접 챙기며 노동당의 정책을 이행하지 않고 군벌관료주의를 행한 이들을 실각시켰다고 한다.[06]

김정일 국방위원장은 1969년 1월 19일 노동당 중앙위 조직지도부 및 인민군 총정치국 일꾼들과 한 담화 「인민군대 당조직과 정치기관들의 역할을 높일데 대하여」에서 "인민군 당위원회 전원회의는 인민군대의 당의 유일사상 체계를 튼튼히 세우고 인민군대에 대한 당의 영도를 확고히 보장하며 군대의 전투력을 강화하는 데서 매우 중요한 의의를 가진다"라고 하면서 인민군 내에서 유일사상 체계를 확립해야 한다고 강조했다.

또 1975년 1월 1일 인민군 총정치국 책임일꾼들과 한 담화 「전군을 김일성주의화하자」를 발표해 '전군 김일성주의화' 방침을 제시하였고 1979년 2월에 '전군 주체사상화' 방침을 거듭 제시했다.

---

05 「북에서 '일당백' 구호가 나오게 된 배경」, 한겨레, 2001.6.14.
06 이찬행, 『김정일』, 백산서당, 2001.

▲ 김일성 주석과 함께 군부대를 현지지도하는 김정일 국방위원장. (1965.5.11.)

▲ 판문점을 현지지도하는 김정일 국방위원장. (1977.7.3.)

왼쪽 위부터 시계 방향으로
① 항복하는 푸에블로호 승무원들. ② 미국의 사과문. ③ 북한이 전시한 푸에블로호.

김정일 국방위원장은 군사 작전도 직접 지도했다. 북한은 1960년대 말 김정일 국방위원장의 "비범한 예지와 탁월한 영군술을 보여주는 중요한 사건들"이 일어났다고 소개했다.

첫 번째는 1968년 1월 23일 발생한 푸에블로호 사건이다. 당시 김정일 국방위원장은 "미국이 항복서를 내기 전에는 푸에블로호 선원들을 절대로 석방하지 않을 것"이라며 "항복서를 낸다 해도 푸에블로호는 돌려주지 않을 것"이라고 대응 방향을 정했다. 그러면서 김정일 국방위원장은 "먼 훗날 박물관에 전시해놓고 후대들에 '이것은 우리가

▲ 추락하는 EC-121기.

미국으로부터 빼앗은 간첩선'이라고 말해주겠다"라고 했다.[07]

두 번째는 1969년 4월 15일 발생한 EC-121기 격추 사건이다. 1968년 11월 이후에만 8차례나 미국의 EC-121기가 북한을 정탐하자 1969년 3월 김일성 주석은 영공을 침범하는 EC-121기를 격추하라고 명령했다. 이에 김정일 국방위원장은 관련 부대 지휘관에게 구체적인 임무를 하달했다. 김정일 국방위원장은 1969년 들어 발생한 두 차례의 EC-121기 영공 침입에 관해 보고받고, 향후 영공 침입에 대비한 작전 수립과 "간첩 비행기가 다시금 공화국 영공에 날아들면 즉시 우리

---

07 「김정은 3대째 자랑…'미국의 항복서'」, 중앙일보, 2018.1.17.

비행기를 출동시켜 쏴 떨굴 것"을 지시했다고 한다.[08]

이처럼 이미 1960년대부터 김정일 국방위원장이 김일성 주석을 보좌해 군사 작전을 직접 지도했음을 알 수 있다.

2절. 인민군 최고사령관 추대

1980년 10월 10일부터 14일까지 진행된 노동당 제8차 대회에서 김정일 국방위원장은 노동당 중앙군사위 위원으로 선출됐다. 군 관련 첫 당직이다.

1990년 5월 최고인민회의 제9기 제1차 전원회의에서 국방위원회를 중앙인민위원회(지금의 최고인민회의 상임위) 산하에서 독립시켜 확대 격상하였는데 김정일 국방위원장이 제1부위원장으로 선출되었다. 김정일 국방위원장의 첫 국가기관 직책이 군사 부문이라는 점이 주목할 만하다.

김정일 국방위원장은 1991년 12월 24일 노동당 중앙위 제6기 제19차 전원회의에서 김일성 주석의 제의로 인민군 최고사령관에 추대되었다.

당시 헌법(1972년 개정) 제6장 제93조는 "조선민주주의인민공화국 주석은 조선민주주의인민공화국 전반적 무력의 최고사령관, 국방위원회 위원장으로 되며 국가의 일체 무력을 지휘·통솔한다"라고 규정하고

---

08 김차준, 「EC-121기 사건과 미국의 한반도 위기에 대한 대응」, 『통일정책연구』 제31권, 통일징책연구원, 2022.

▲ 군사훈련을 지도하는 김정일 국방위원장. (1983.4.25.)

▲ 중대 정치지도원대회에 참석한 김정일 국방위원장. (1991.12.25.)

있었다. 즉, 인민군 최고사령관은 국가 주석만 할 수 있었던 것이다. 그런데도 김일성 주석이 최고사령관을 김정일 국방위원장에게 넘겨준 것은 매우 중대한 사건이라고 할 수 있다.

김정일 국방위원장이 최고사령관에 추대된 다음 날 조선인민군 중대 정치지도원대회에서 김일성 주석은 "내가 이제는 팔십 고령이므로 최고사령관으로서 밤을 지새우며 전군을 지휘하고 통솔하기 곤란"하여 "이제부터 나는 당중앙위원회 군사위원회 위원장으로서 고문의 역할을 할 것"이며 "전체 인민군 장병들이 김정일 최고사령관의 명령을 나의 명령과 같이 여기고 그의 명령에 절대복종하며 최고사령관의 영도를 충성으로 높이 받들어 나갈 것을 기대"한다고 했다.[09]

김정일 국방위원장이 최고사령관에 추대된 배경에는 1960년대부터 인민군 부대를 2천여 단위나 현지지도하는 등 김정일 국방위원장의 왕성한 선군영도가 있다. 당시 김정일 국방위원장은 "인민군대의 영도자로서 전체 인민군 장병들의 절대적인 신뢰와 흠모"를 받았으며 "그때 인민군 지휘 성원들은 경애하는 장군님을 지도자로서만이 아니라 최고사령관으로 대하고 받들어 모시었다"고 한다.[10]

이후 1992년 4월 9일 최고인민회의 제9기 제3차 회의에서 헌법을 개정해 최고사령관과 국방위원장을 국가 주석에서 분리하였으며 국방위원회를 국가 주권의 최고 군사기관으로 규정(제111조)하였고 국방

---

09 「인민군대 중대 정치지도원들의 임무에 대하여」, 『김일성저작집 43』, 조선노동당출판사, 1996, 261~272쪽.
10 최금춘 김일성종합대학 교수, 「선군문답: 선군정치는 어떤 력사적과정을 통하여 확립되였는가」, 우리 민족끼리, 2009.7.16.; 「선군정치는 어떻게 시작되었는가?' 〈北사이트〉」, 통일뉴스, 2009.7.16. 재인용.

위원장이 일체 무력을 지휘·통솔하도록 규정(제113조)했다. 또 이날 김정일 국방위원장을 처음으로 국방위원장에 선출했다. 4월 20일에는 원수 칭호도 수여했다.

김정일 국방위원장이 김일성 주석의 후계자로서 당(총비서), 정(주석), 군(최고사령관)의 지위를 승계하는 과정에서 군의 지위를 가장 먼저 승계한 점도 주목할 부분이다.

김정일 국방위원장이 최고사령관이 된 후 전 세계를 긴장시킨 명령이 1993년 3월 8일 나왔다. 최고사령관 명령 0034호 '전국, 전민, 전군에 준전시 상태를 선포함에 대하여'다. 전체 내용은 아래와 같다.[11]

우리 인민군대는 현대적인 공격 수단과 방어 수단을 다 갖춘 백전백승의 혁명 무력으로 자라났으며 전민이 무장하고 전국이 요새화됨으로써 그 어떤 침략자도 일격에 소탕할 만단의 준비가 되어있다.

민족의 자주성과 나라의 평화를 귀중히 여기는 우리 인민은 전쟁을 바라지 않지만 자기의 존엄을 유린당하면서까지 평화를 구걸하지 않을 것이다.

만약 미제와 남조선 괴뢰들이 새 전쟁을 도발한다면 우리 인민과 인민군대는 당과 수령을 위하여, 피로써 쟁취한 인민대중 중심의 우리 식 사회주의를 위하여 끝까지 싸워 침략자들에게 섬멸적인 타격을 주고 영웅조선의 존엄과 영예를 다시 한번 떨칠 것이다

나는 미제와 남조선 괴뢰 도당의 새 전쟁 도발 책동으로 우리나라에

---

11 「북현대사」 "조선이 없는 지구는 있을 수 없다"-1994년 전쟁위기와 북미 제네바합의」, 통일시대, 2023.1.16.

조성되고 있는 엄중한 정세에 대처하여 우리 공화국과 인민의 안전을 수호하기 위한 자위적 조치로서 다음과 같이 명령한다.

1. 전국, 전민, 전군이 1993년 3월 9일부터 준전시 상태로 넘어갈 것.
2. 조선인민군 육·해·공군 부대들과 조선인민경비대, 노농적위대, 붉은청년근위대 전체 대원들은 높은 혁명적 경각성을 가지고 적들의 일거일동을 예리하게 주시하며 원수들이 언제 어느 때 덤벼들어도 일격에 소멸할 수 있게 만단의 전투 동원 태세를 갖출 것.
3. 전체 인민들은 우리 당의 주체적인 전쟁 관점으로 튼튼히 무장하며 한 손에는 마치와 낫, 다른 손에는 총을 들고 사회주의 경제 건설에서 일대 앙양을 일으킬 것.

당시는 북미 사이에 핵문제로 전쟁 위기가 치솟던 때다. 미국은 북한에 핵개발 의혹을 제기하며 특별사찰을 요구하였고 북한이 이를 거부하자 전략폭격기 등을 대거 동원한 팀스피릿 한미연합훈련을 재개했다.

이에 북한은 준전시 상태를 선포했다. 이후 각지에서 군중대회, 궐기모임이 진행되었고 10일 남짓한 기간에 150만 명의 청년·학생이 입대, 복대(제대 후 군대에 다시 들어가는 것)를 탄원했다고 한다. 북한은 연이어 3월 12일 핵확산금지조약$_{NPT}$ 탈퇴 성명도 발표했다.

결국 미국은 특별사찰을 포기했다. 한국 정부는 3월 19일 시급히 비전향 장기수 리인모 선생을 송환했다. 준전시 기간이었지만 북한 전역에서는 리인모 환영 열기로 들끓었다.

연합뉴스는 1993년 3월 19일 자 보도 「팀스피리트 훈련 결산」에서 "훈련실시를 둘러싼 북한의 「저항」과 반발은 어떤 의미에서는 한미 양

▲ 전방 관측 초소를 현지지도하는 김정일 국방위원장. (1997.6.)
▼ 공군 부대를 현지지도하는 김정일 국방위원장. (2008.12.)

국이 그동안 북한의 핵개발 저지를 위한 연계 카드로 활용해온 팀스피릿 훈련이 대북 카드로서는 한계에 봉착했지 않느냐는 분석도 가능케 하고 있으며 이 때문에 팀스피릿 문제를 근본적으로 재검토해야 한다는 지적도 대두되고 있는 실정이다"라며 당시로서는 이례적으로 훈련에 비판적 논지를 폈다.

김정일 국방위원장은 최고사령관이 된 후에도 인민군 강화를 위한 여러 조치를 했다. 그중 하나는 1996년 1월 1일 제안한 '오중흡 7연대 칭호 쟁취 운동'이다. 오중흡 7연대란 항일무장투쟁 시기 "일본군을 유인, 사령부를 보호하고 주력부대를 압록강 연안까지 무사히 도달케 했다는 빨치산 부대이며 당시 7연대를 지휘한 오중흡은 북한에서 '수령 결사옹위 정신'을 발휘한 대표적인 인물"이다.[12]

김정일 국방위원장은 군대와 민간이 서로 도우며 하나가 되어야 한다는 '군민일치' 운동도 펼쳤다. 김정일 국방위원장은 "전국의 협동농장·공장·기업소 등이 군인들을 위하여 위문물자를 보내는 운동을 전개"하면서 동시에 "군부대가 건설 현장이나 건설 토목공사에 참가하여 민생부문에 적극적으로 참가하는 운동을 전개"했다. 북한은 1992년 3월 18일 중앙인민위원회 정령으로 '군민일치 모범군(시·구역)' 칭호를 제정하였으며 군대 지원사업에서 모범을 보인 기관·기업소·학교 등에 최고사령관 명의의 감사문을 전달했다. 이 운동은 훗날 '군민일치 모범군 쟁취 운동'으로 제도화되었다.[13]

---

12 「北 '7연대칭호 쟁취운동'과 '군민일치운동'」, NK조선, 2002.2.13.
13 이찬행, 앞의 책, 644~645쪽.

▲ 선군정치에서 중요한 계기점이 된 다박솔초소 현지지도. (1995.1.1.)

▲ 섬 방어부대를 현지지도하는 김정일 국방위원장. (1996.11.)

3절. 선군정치

선군정치란 "군사를 제일 국사로 내세우고 인민군대의 혁명적 기질과 전투력에 의거하여 조국과 혁명, 사회주의를 보위하고 전반적 사회주의 건설을 힘있게 다그쳐 나가는 혁명 영도방식이며 사회주의 정치방식"이다.[14]

국내에선 흔히 선군정치를 1990년대 중후반 이른바 '고난의 행군'이라는 대내외적 위기를 극복하고 체제를 지키기 위해 제기된 임시 조치, 생존 전략 정도로 이해한다. 통일부 북한정보포털도 선군정치 항목에서 "사회주의 국가인 북한이 군을 앞세운 선군정치를 펼친 것은 예외적 상황"이라고 설명한다.

그러나 앞서 살펴본 것처럼 김정일 국방위원장이 1960년부터 이미 선군영도를 시작한 점, '고난의 행군'이 시작되기 전에 이미 헌법 개정을 통해 선군정치의 법적 토대를 만든 점을 고려하면 환경 변화에 따라 급하게 임시 조처를 한 것으로 보기는 어렵다.

선군정치는 사회주의 체제에서 '혁명의 주력군'을 새롭게 규정하는 전략적인 문제라고 북한은 설명한다. 즉, "혁명적 기질과 전투력"으로 볼 때 군대가 "조국과 혁명, 사회주의를 보위하고 전반적 사회주의 건설"을 하는 주력군이라는 것이다.

선군정치에 따라 북한에서 군대는 국방은 물론 경제 건설에도 앞장

---

14 『김정일 선집』 제15권, 조선노동당출판사, 2005, 352~353쪽.: 황지환, 「선군정치와 북한 군사부문의 변환전략」, 『국제관계연구』 제15권 제2호, 고려대학교 일민국제관계연구원, 2010, 106쪽에서 재인용.

▲ 해군 전투함을 현지지도하는 김정일 국방위원장. (1995.2.5)
▼ 해군 부대 지휘관에게 기관총을 수여하는 김정일 국방위원장. (1997.6.)

서며 나아가 시대정신('혁명적 군인정신')을 만들고 문화('혁명적 군인문화')까지 창조하는, 말 그대로 '주력군'이 되었다. 여기서 '혁명적 군인정신'이란 최고사령관 명령이라면 끝까지 수행하는 결사 관철, 무조건 집행 정신이며 "당과 혁명, 조국과 인민을 위하여 자기 한 몸을 바치는 자기 희생정신, 영웅적 투쟁정신"이다.[15]

김정일 국방위원장은 선군정치 노선을 구현하기 위해 무려 2,150여 개의 부대와 최전방 초소를 방문했다. 이는 "육군으로 치면 16개의 군단 사령부, 26개의 사단 사령부, 41개의 여단 사령부는 물론 모든 연대 사령부를 방문하고 대대 수준의 주둔지까지 방문"한 셈이다.[16] 그만큼 군인이 주력군으로 제 역할을 하도록 격려하고 지도한 것으로 볼 수 있다.

농업, 전력, 석탄, 철도운수, 건설 등 경제 핵심 분야에 투입된 군대는 북한 경제를 살려 '고난의 행군'을 이겨내는 데서 핵심적 역할을 한 것으로 보인다. 북한은 1998년에 들어서면서 '고난의 행군' 종료를 선언했다. 실제로 한국은행의 추정에 따르면 "1990년대 초에 시작하여 1998년에 절정에 달한 북한경제의 위축은 1999년에 일단 멈추었으며, 북한의 GDP는 1999년 이후 2005년까지 7년 연속 플러스 성장"을 했다고 한다.[17]

인민군은 경제 건설을 위해 아예 전문 부대를 만들었다. 북한 국방성

---

15 김용현 외, 「'고난의 행군기' 북한 군대의 사회적 역할 연구」, 『인문사회과학연구』 제17권 제2호, 부경대학교 인문사회과학연구소, 2016.
16 김기협, 「북한의 '선군정치' 호전성으로 이해한다면…」, 프레시안, 2014.8.11.
17 양문수 외, 『2000년대 북한경제 종합평가』, 산업연구원, 2012.

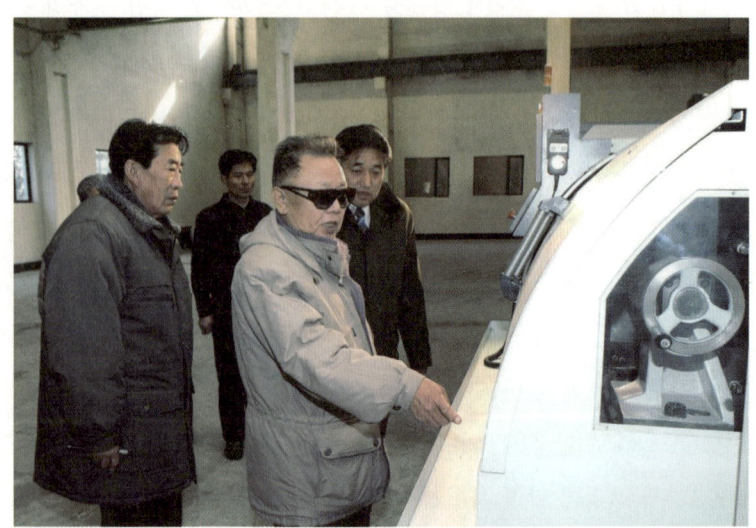
▲ CNC를 생산하는 자강도 희천공작기계종합공장을 현지지도하는 김정일 국방위원장. (2010.3.)

군사건설국 아래 도로건설군단, 총참모부 공병국 아래 공병군단 등이 그것이다. 이들은 원래 군사 도로 건설을 수행하는 부대이지만 민간경제의 각종 건설 현장에도 투입된다. 인민군 건설여단은 상당한 숫자를 보유하고 있다. 국방성 아래의 도로건설군단은 128만 명의 정규군(총참모부 관할)에 포함되지 않는 별도의 40여만 명으로 구성되어 있다는 주장이 있지만 확인할 길은 없다. 총참모부 아래의 전문 건설부대는 정규군에 포함된 것으로 추정된다.[18]

김정일 국방위원장은 강원도 안변군의 유역변경식 발전소인 안변청년발전소를 인민군에 맡겨 사회주의 건설에서 모범을 만들도록 했다. 안변청년발전소는 1996년 9월 1단계 공사를 마무리하고 같은 해 12월 2단계 공사에 착수, 3년 10개월 만인 2000년 10월 준공했다고 한다. 1996년 6월 10일 김정일 국방위원장이 발전소 건설 현장을 찾아 군인들의 물길 굴(수로터널) 공사 결과를 호평하였고 같은 달 30일 '조선인민군 최고사령관 전신명령'을 통해 건설에 참여한 군인과 건설자에게 감사를 표했다. 같은 해 8월 7일에는 발전소 건설에 참여한 군인들에게 선물과 표창을 했다.[19] 이후 인민군은 임남·신명·전곡의 대규모 댐과 여러 개의 발전소를 세웠다고 한다.

인민군의 건설 사례에서 희천발전소는 중요한 위치를 차지한다. 희천발전소는 당초 2001년 3월에 첫 삽을 떴지만 8년 동안 공사 진행이 지지부진했다. 2009년 3월 김정일 국방위원장이 공사 현장을 찾아

---

18 유영구, 「북한의 '선군' 체제…북한군은 어떤 일들을 하고 있을까?」, 프레시안, 2021.6.25.
19 김용현 외, 앞의 글.

▲ 군사훈련을 성공적으로 마친 군인들을 치하하는 김정일 국방위원장. (1998.1.)

'강성대국 원년인 2012년까지 희천발전소 건설을 완공하라'고 지시한 뒤 7차례나 더 현지지도를 하며 인민군 건설자들을 독려했다. 이를 계기로 공사 속도는 비약적으로 빨라졌으며 김정일 국방위원장은 이를 "선군정치의 기초인 혁명적 군인정신에 바탕을 둔 새로운 천리마 속도, '희천 속도'"라고 명명했다. '희천 속도'는 강성국가 건설의 상징적 용어가 되었다.[20]

김정일 국방위원장은 국방 부문의 컴퓨터 수치제어$_{CNC}$ 공작기계 기술을 민간 경제로 이전하는 '혁명적 변화'를 통해 '새 세기 산업혁명'을 추진했다. 북한은 CNC 기술이 '고난의 행군'을 극복할 수 있었던 '자력자강의 결정체'였다고 주장한다.[21]

김정일 국방위원장의 선군정치는 이후 김정은 시대를 여는 토대가 되었다.

---

20 「北김정일, 자강도 희천발전소 건설장 시찰」, 연합뉴스, 2009.9.18.
21 정태연, 「김정일 시대 '선군경제건설노선' 연구: '국방건설'과 '경제건설'의 상관성」, 『현대정치연구』 제14권 제2호, 2020, 186쪽.

▲ 2022년 4월 25일 조선인민혁명군 창설 90주년 기념 열병식에서 환호하는 시민들에게 손을 들어 화답하는 김정은 국무위원장.

3장. 김정은 국무위원장과 조선인민군

1절. 인민군 최고사령관 추대

북한은 선군정치를 자신의 정치 방식으로 내세운다. 따라서 국가 지도자가 군사를 잘 아는 것이 매우 중요하다. 이에 김정은 국무위원장은 일찍부터 군사 업무를 익힌 것으로 보인다. 그것도 책으로 익힌 게 아니라 직접 몸으로 부딪쳐가며 익혔다고 한다.

김승재 YTN 기자는 저서에서 "김정은은 젊은 시절 신분을 감춘 채 최전방부대에서 신병으로 입소해 6개월 정도 고된 군 생활을 체험했다", "일반 병사와 똑같이 불침번도 서고 얼차려까지 받았다. 6개월 군 생활 동안 호위병 1명이 대동했을 뿐 해당 부대에서는 누구도 김정은

▲ 조선중앙TV가 공개한 기록영화에서 김정은 국무위원장이 비행기를 조종하는 장면. (2014.12.30.)

▲ 김정은 국무위원장이 주요 군수공장 현지지도 중에 신형 다용도 전투 장갑차를 직접 운전하고 있다. (2023.8.11~12.)

의 신분을 몰랐다"라고 했다.[01]

김정은 국무위원장은 탱크와 전투기 조종도 배웠다. 북한이 공개한 기록영화 「백두의 선군혁명 위업을 계승하시어」에는 김정은 국무위원장이 2010년 1월로 추정되는 시기에 105 탱크 사단에서 탱크를 직접 모는 장면이 나온다. 또 비행기 조종 장면도 나온다. 그러면서 북한은 김정은 국무위원장이 "보병, 포병은 물론 공군, 해군을 비롯한 군종, 병종, 전문병 분야에 완전히 정통하시고 전군을 지휘·통솔할 수 있는 뛰어난 영군술"을 보여주었다고 했다.[02]

이처럼 일찍부터 군사에 관하여 다양한 교육을 받은 김정은 국무위원장은 여러 군사 지도를 했다.

김정은 국무위원장은 2007년 "인민군대에서 근위부대 운동과 '오중흡 7연대 칭호 쟁취 운동'을 밀접히 결합하여 더욱 힘있게 밀고 나가도록" 했다. 여기서 '오중흡 7연대 칭호 쟁취 운동'은 김정일 국방위원장이 1996년 시작한 대중운동이며 근위부대 운동은 김정은 국무위원장이 새로 강조한 대중운동으로 보인다. 근위부대란 "당의 유일사상체계가 튼튼히 서고 당의 자위적 군사사상과 군사노선을 관철하는 투쟁에서 특출한 위훈을 세운 조선인민군 부대, 연합부대"에 수여하는 칭호라고 한다.[03]

또 앞서 언급한 기록영화 「백두의 선군혁명 위업을 계승하시어」에 따르면 2009년 4월 5일 김정일 국방위원장과 김정은 국무위원장이 함

---

01 김승재, 『인도에 등장한 김정은, 그 후의 북한 풍경』, 선인, 2015, 38~39쪽.
02 「김정은, 2009년 北미사일 발사 현장 참관」, 연합뉴스, 2012.1.8.
03 김농완 외, 『조선민주주의인민공화국 현대사 2』, 4.27시대, 2021, 181~182쪽.

▲ 군부대를 현지지도하는 김정일 국방위원장과 김정은 국무위원장. (2011.10.)
▼ 군부대를 현지지도하는 김정일 국방위원장과 김정은 국무위원장. (2011.11.)

께 미사일 관제 지휘소를 방문해 발사 장면을 참관했는데 당시 김정일 국방위원장이 "이번에 인공지구위성을 요격하겠다던 적들의 책동에 반타격을 가한 것이 우리 김 대장(김정은 국무위원장)"이라며 "그가 반타격 사령관으로서 육·해·공군을 지휘했다"라고 말했다고 한다.

2010년 8월 25일 인민군 전체 장병은 김정은 국무위원장을 노동당 제3차 대표자회에 참석할 대표로 추대했다. 비정기적으로 열리는 노동당 대표자회에 참석하는 대표들은 부문, 지역에서 정해진 수만큼 선출하게 되어 있다. 김정은 국무위원장을 인민군이 추대했다는 점, 특히 8월 25일은 1960년 김정일 국방위원장이 105 탱크 사단을 현지지도한 날로 북한이 '선군혁명영도 개시일'로 보는 날이라는 점에서 북한이 김정은 국무위원장을 선군정치의 계승자로 선언한 것으로 볼 수 있다.[04]

2010년 9월 28일 열린 노동당 제3차 대표자회는 김정은 국무위원장을 노동당 중앙군사위 부위원장으로 선출했다. 하루 전날인 27일 김정일 국방위원장은 최고사령관 명령 제0051호 '조선인민군 지휘 성원들의 군사칭호를 올려줄데 대하여'를 통해 김정은 국무위원장을 인민군 대장으로 임명했다.[05]

2012년 1월 18일 자 노동신문 보도에 따르면 김정일 국방위원장은 2011년 10월 8일 "일꾼들이 김정은 당 중앙군사위원회 부위원장을 진심으로 받들어야 한다. 일꾼들은 앞으로 당의 주위에 한마음 한뜻으

---

04 김갑식, 「김정은 정권의 출범과 정치적 과제」, 『통일정책연구』 제21권, 통일정책연구원, 2012.
05 「北, 김정은에 대장 칭호 수여」, 통일뉴스, 2010.9.28.

▲ 서남전선지구 인민군 군단 사령부 관하 군부대 전방지휘소를 현지지도하는 김정은 국무위원장. (2012.2.26.)

▲ 인민군 제5차 훈련일꾼대회를 지도하는 김정은 국무위원장. (2015.4.24~25.)

로 굳게 뭉쳐 일을 잘해 나가야 한다"라고 강조했다고 한다. 김정일 국방위원장은 그전에도 "김정은 동지는 당과 수령의 영도를 받드는 데서 최고이며 신념과 의지, 담력과 배짱이 강하고 혁명 동지에 대한 의리심이 깊으며 지략과 통솔력이 뛰어나고 군사에 능통할 뿐 아니라 문무를 전면적으로 겸비하고 있는 다재다능한 백두산형의 장군"이라고 했다고 한다.[06]

김정일 국방위원장은 2011년 12월 17일 급서하였으며 일꾼들은 김정일 국방위원장의 유훈에 따라 12월 30일 김정은 국무위원장을 인민군 최고사령관으로 추대했다.

2절. 군 현대화 사업

김정은 국무위원장은 2012년부터 2020년 6월 30일까지 여러 부문의 대상에 대해 총 2,113회의 공개 활동을 하였는데 이 가운데 군사 관련 공개 활동은 489회였고 이 가운데 군사력 강화 활동이 278회, 군대 관리 활동이 211회였다.[07]

이 가운데 인민군을 현대화하는 내용이 특히 주목된다. 군 현대화는 크게 무기 현대화, 전법 현대화, 부대 현대화로 나눠볼 수 있다.

무기 현대화의 핵심은 핵무기 개발이며 북한은 이를 최대한 빠르게

---

06 「김정일 위원장의 10월 8일 유훈은 "김정은을 진심으로 받들 것"」, 통일뉴스, 2012.1.18.
07 고재홍, 「김정은 집권 이후 군 관련 공개활동 특징과 전망」, 『ISSUE전략보고』 108호, 국가안보전략연구원, 2021.

▲ 인민군 제4차 중대장·중대정치지도원대회를 지도하는 김정은 국무위원장.
(2013.10.22~23.)

▲ 동해함대 사령부 관하 해군 제167군부대를 현지지도하는 김정은 국무위원장.
(2014.6.)

진행하고 있다.[08] 여기서 말하는 핵무기는 핵폭탄은 물론 투발 수단, 즉 전략미사일, 초대형 방사포, 전략잠수함까지 포함한다.

임을출 경남대 극동문제연구소 교수는 "(김정은 국무위원장은) 2013년에 2014~2018년 기간을 상정한 '군 현대화 5개년 계획'을 수립"했다면서 2016년 5월 열린 노동당 제7차 대회 사업 총화 보고에서 김정은 국무위원장이 "지금 우리의 국방과학기술은 최상의 경지에 올라섰으며 국방공업 부문에서는 정밀화, 경량화, 무인화, 지능화된 우리 식의 첨단 무장 장비들을 마음먹은 대로 만들어내고 있습니다"라고 한 점을 주목했다.[09]

2016년은 김정은 국무위원장의 신형 전략무기 지도가 집중된 해다. 이 해에 김정은 국무위원장은 핵시험을 비롯해 중거리 탄도미사일, 신형 대구경 방사포, 잠수함 발사 탄도미사일 등 신무기 시험 현지지도를 13회나 했다. 이 무기들은 김정은 국무위원장이 2012년 직접 개발을 지시한 것으로 보인다. 또 북한 언론 보도를 보면 공개된 현지지도 외에도 비공개 현지지도가 다수 있었음을 짐작할 수 있다. 신형 대구경 방사포와 잠수함 발사 탄도미사일은 각각 13차례씩의 비공개 현지지도를 했다고 한다. 이런 핵무기 개발 지도는 2017년에도 이어졌다. 핵시험 1회를 비롯한 전략군 현지지도가 4회, 전략무기 시험 현지지도가 10회에 달했다.[10]

---

08 전경주, 「김정은이 공식화한 혁명무력발전의 새 단계」, 『동북아안보정세분석』, 한국국방연구원, 2022.5.9., 4쪽.
09 임을출, 「북한 군수공업대회 메시지와 2018년 전망」, 한국일보, 2017.12.13.
10 고재홍, 앞의 글

특히 김정은 국무위원장은 2017년 3월 18일 신형 고출력 로켓엔진 지상 분출시험 현지지도 당시 시험 성공에 기뻐하며 관계자를 업어주어 많은 이들을 놀라게 했다. 그만큼 국방과학기술자를 믿고 우대하고 있는 것이다. 이는 북한이 예상을 뛰어넘는 신무기 개발 속도를 보여주는 배경이기도 하다.

2016년 6월 23일 조선중앙통신은 탄도미사일 개발 과정에 수차례나 실패했다고 밝히며 "실패에 위축되고 주눅이 들세라 더 큰 사랑과 믿음을 주시고 다할 줄 모르는 힘과 용기를 북돋아 주시며 성공에로 이끌어주신" 김정은 국무위원장의 사연을 보도했다. 즉, 김정은 국무위원장이 실패의 책임을 추궁하기보다는 성공할 때까지 격려했다는 것이다.

이에 관해 2016년 6월 29일 사와다 가쓰미澤田克己 일본 마이니치신문 전 서울지국장은「실패해도 격려하는 김정은 위원장, 북한붕괴론은 현실성 없다」는 글을 통해 "최고위가 직접 시찰하는 중대한 프로젝트에서 2개월 사이에 4회 연속 실패했지만 그 조직의 책임자가 경질되거나 하지 않았다"라면서 "(김정은 국무위원장이) 상당한 수완가인지도 모른다"라고 평가했다.

또 2016년 7월 7일 천영우 한반도미래포럼 이사장도 동아일보 칼럼에서 "시행착오를 거듭하면서도 과학기술자들이 주눅 들지 않고 책임 추궁을 당할 걱정 없이 성공할 때까지 연구개발에 몰두할 풍토를 만들어주는 것이 북한의 가장 큰 힘"이라면서 실패하면 여론의 몰매를 맞고 예산과 인력이 삭감되는 우리 풍토와 대조적이라고 지적했다.

이런 김정은 국무위원장의 절대적인 신뢰와 격려 속에서 북한 국방과학기술자들은 세상에 아직 없거나 소수 군사강국만 보유한 무기들

▲ 이름 미상의 극초음속 미사일 발사 장면. (2022.1.5.)

을 속속 선보였다. 여기에는 세계 최대 차량 이동식 대륙간 탄도미사일 화성포-17형을 비롯해 극초음속 미사일 화성포-8형, 열차 이동식 탄도미사일, 저수지 발사 탄도미사일, 잠수함 발사 탄도미사일, 장거리 전략 순항미사일, 초대형 방사포, 신개념 전술핵 공격 잠수함 등이 포함된다.

　북한은 2017년 12월 11일 제8차 군수공업대회를 열었다. 1~7차 대회는 한 번도 공개한 적이 없어서 외부에서는 저런 대회가 있는지조차 몰랐다. 임을출 교수는 제8차 군수공업대회를 공개한 배경으로 "첨단 핵심기술과 재료를 스스로 연구 완성했다는 자신감"이 작용한 듯하다

▲ 전술핵 운영부대 군사훈련을 현지지도하는 김정은 국무위원장. (2022.9.25.~10.9.)

▲ 장거리 포병부대와 공군 비행대 합동 화력타격훈련을 현지지도하는 김정은 국무위원장. (2022.10.8.)

고 분석했다.[11]

또 북한은 2021년 10월 11일 3대혁명전시관에서 국방발전전람회를 열어 최신 무기를 대거 공개했다. 열병식이 아닌 무기 전람회는 이번이 처음이었다. 김정은 국무위원장은 기념 연설에서 "우리 공화국의 건국 역사에 일찍이 가져보지 못하였던 세계적인 막강한 국방력을 떠올리고 우리 인민의 오랜 숙망을 풀어주는 특출한 최신 성과들을 이룩" 했다고 밝혔다.

김정은 국무위원장은 무기 현대화와 함께 전법 현대화도 추진했다.

김정은 국무위원장은 2009년을 '전법 혁명의 해'로 지정했다. '전법 혁명'이란 "전법 분야에 남아있는 도식적이며 낡고 뒤떨어진 것을 극복하고 주체적인 군사전략전술 사상과 전법을 구현하여 새로운 전법들을 적극 창조하며 능숙히 활용하기 위한 투쟁"이라고 한다. 김정은 국무위원장은 당시 인민군 지휘 성원 속에 변화하는 현대전 양상을 고려하지 않고 기존의 낡은 전법에만 매달리는 현상이 남아있어 전법 혁명 방침을 제시했으며 이후 여러 독창적인 작전방안을 고안했다고 한다.

또 김정은 국무위원장은 "인민군대 안의 모든 부대에서는 고정 격식화된 규범에만 매달려 훈련을 진행하지 말고 현대전에서 제기될 수 있는 여러 가지 정황을 설정하고 현실적인 훈련을 많이 진행해야 한다"라고 했다.[12]

김정은 국무위원장은 부대 현대화도 추진했다. 무기 현대화의 성과

---

11 임을출, 앞의 글.
12 「北 김정은 "임밀구 후려 제일주의 확립"…연합훈련 참관」, 뉴스1, 2014.11.23.

3장. 김정은 국무위원장과 조선인민군

에 맞춰 2012년쯤 전략군을 신설하였으며 2023년 2월 8일을 전후로 부대를 대폭 개편했다. 노동신문은 2023년 2월 13일 보도를 통해 "인민군대의 많은 군종, 병종 부대들이 확대 개편되고 새로운 정세환경에 맞게 중요 작전 전투 임무들이 부과되었으며 전반적 부대들의 전략전술적 사명이 변화되었다"라고 했다. 북한은 구체적인 개편 내용은 공개하지 않았다.

3절. '군민일치'

북한은 군대와 국민이 하나가 되어야 한다는 '군민일치'를 오래전부터 강조해왔다. 김정은 국무위원장은 "군민일치는 우리 사회의 밑뿌리이며 선군혁명의 천하지대본이다", "군민협동작전은 군대와 인민이 한마음 한뜻이 되어 완강한 공격전을 벌여나가는 위력한 투쟁방식이다"라고 했다.[13]

김정은 국무위원장은 군민일치를 위해 군대가 국민을 돕는 '원민'과 국민이 군대를 돕는 '원군'을 독려하며 지도했다.

김정은 국무위원장은 2012년 4월 15일 열병식 연설에서 "군민일치는 우리 사회의 밑뿌리이며 선군혁명의 천하지대본입니다. 인민군대는 항일 빨치산의 전통을 이어 군민대단결을 반석같이 다져나가는 데서도 언제나 주동이 되고 선구자가 되어야 합니다. 우리 인민군대에서는 위대한 장군님(김정일 국방위원장)께서 제시해주신 '인민을 돕자!'

---

13 「[어록분석] 김정은의 군에 대한 생각은?」, NK뉴스, 2018.10.9.

▲ 2019년 준공한 양덕온천문화휴양지 전경.

라는 구호를 계속 들고 나가야 합니다"라고 했다. 이는 군민일치의 기본이 '원민'임을 말해준다.

김정은 국무위원장의 지시로 인민군이 국민을 위한 시설인 양덕온천문화휴양지, 중평채소온실농장, 중평양묘장, 순천인비료공장, 연포온실농장, 평양시 대단지 아파트 등을 건설하였으며, 태풍 등 자연재해로 인한 피해도 복구했다.

가장 최근에는 코로나19 방역 위기가 발생했을 때 군의들이 출동해 평양의 약품 공급을 안정화하고 사태를 수습한 것을 꼽을 수 있다. 김정은 국무위원장은 2022년 8월 10일 평양에서 열린 전국비상방역 총화회의 연설에서 "당 중앙군사위원회 특별명령으로 수도에 파견된 인민군대 군의 부문 전투원들이 인민 사수의 전방에서 특출한 공훈을 세웠습니다. 당의 신임과 기대에 무조건적으로 보답하려는 충성의 열

▲ 코로나19 사태로 인한 비상방역전에서 활약한 군의 부문 전투원들과 기념사진을 찍는 김정은 국무위원장. (2022.8.18.)

정과 인민에 대한 열렬한 사랑으로 충만된 군의 부문 전투원들의 헌신적인 노력에 의하여 수도의 약품 공급이 안정되고 전염병 형세가 역전되었을 뿐 아니라 당에 대한 인민의 절대적 신뢰와 군민일치의 고귀한 전통이 보위되었습니다"라고 군의들을 높이 평가했다.

김정은 국무위원장은 '원군'도 강조하고 있다.

2023년 2월 8일 열병식에는 특별대표로 초청된 사람들이 있었다. 바로 '원군 미풍 열성자'였다.

북한은 전국에서 모범적으로 원군 활동을 한 사람들을 위해 특별 초대석까지 마련해주었다. 그걸로 끝이 아니었다. 이들은 양덕온천문화휴양지에서 온천욕을 즐기고 스키를 탔으며, 문수물놀이장, 릉라인민유원지와 개선청년공원 유희장에서 휴식을 즐기고 국립교향악단, 국립교예단, 피바다가극단, 국립연극단, 청년중앙예술선전대의 공연도 관람했다. 나아가 김정은 국무위원장과 사진도 찍었다.

3월 1일 자 노동신문 기사 「위대한 태양의 품이 있어 애국의 삶은 빛난다」에 따르면 이들의 일정은 물론 식단까지 김정은 국무위원장이 직접 짜느라 새벽 2시까지 집무를 봤다고 한다. 그만큼 김정은 국무위원장이 '원군' 사업을 중요하게 여긴 것이다.

▲ 노동당 창건 75주년 기념 열병식 참가자들에게 손을 들어 보이는 김정은 국무위원장. (2020.10.10.)

4장. 조선인민군의 3가지 특징

1절. 수령의 군대, 당의 군대

 일반적으로 군대는 '국가의 군대', 즉 국군으로 존재하며 정부에 소속된다. 그러나 정당에 소속된 '당의 군대', 즉 당군의 존재도 있다. 대표적으로 북한 인민군, 중국 인민해방군, 라오스 라오인민군이 있다. 국군은 국가 방위 임무를 맡고 있다. 반면 당군은 당의 이념을 지키고 실현하는 임무를 맡는다. 물론 당의 이념을 지키기 위해 당연히 국가 방위도 한다.
 한편 이란의 경우 이란군과 별도로 혁명 수비대가 있다. 이란군 통수권자가 대통령인 반면 혁명 수비대의 통수권자는 종교 지도자인 라흐바르다. 국가 방위를 맡은 이란군과 달리 혁명 수비대는 이슬람주의 수호를 맡고 있다.

▲ 노동당 창건 75주년 기념 열병식. (2020.10.10.)

    북한은 노동당 규약을 통해 인민군을 '수령의 군대', '당의 군대', '혁명의 군대'로 규정했다.[01] 여기서 인민군이 '수령의 군대', '당의 군대'라는 것은 인민군이 수령과 당을 위해 존재하고, 수령과 당의 사상으로 무장하며, 수령과 당의 뜻에 따르고, 수령과 당을 지키는 군대라는 뜻이다. 북한은 헌법 제59조에 "조선민주주의인민공화국 무장력의 사명은 위대한 김정은 동지를 수반으로 하는 당 중앙위원회를 결사옹위하고 근로인민의 이익을 옹호하며 외래침략으로부터 사회주의 제도와 혁명의 전취물, 조국의 자유와 독립, 평화를 지키는 데 있다"라고 규정해놓았다.

    북한은 당군 건설의 본질에 관해 "모든 군인들을 당의 혁명사상을

---

01 『2021 북한 이해』, 국립통일교육원, 118~119쪽.

세계관으로 하고 당과 수령에 대한 충실성을 제일 생명으로 간직한 참다운 혁명 전사로 만든다는 것"이라고 설명한다.[02]

북한은 인민군을 '수령의 군대', '당의 군대'로 건설하기 위한 제도적 장치로 노동당에 중앙군사위를 설치했고 노동당 총비서가 중앙군사위원장을 겸직하도록 했다. 또 중앙군사위가 인민군을 지휘하도록 규정했다.

한편 인민군 안에도 당원이 있으며 이들이 인민군 당위원회를 구성한다. 인민군 당위원회는 노동당 중앙위의 지도를 받는 직속 기관이며 집행 부서로 총정치국을 두고 있다. 총정치국은 대대급까지 정치부를 두고 연대급 이상은 정치위원을, 대대급 이하는 정치지도원을 파견하여 각급 부대가 노동당의 뜻을 따르도록 하고 있다. 각급 부대의 명령서는 지휘관과 함께 정치위원도 동의해야만 효력이 발생할 정도로 철저히 노동당의 지휘를 받도록 하고 있다.

북한이 인민군에 대한 노동당의 영도를 중요하게 여기는 배경에는 1990년대 동구권 몰락이 있다. 동구권 국가들이 군대를 당군으로 건설하는 문제를 제대로 해결하지 못하면서 군대가 사상적으로 와해하고 결국 혁명에 실패했다는 것이다.[03]

소련의 경우 사회주의 체제가 무너지는 것을 보면서도 군대가 속수무책으로 지켜만 보았는데 이는 고르바초프가 1990년 2월 5일 다당

---

02 「[논설] 위대한 영도자 김정일 동지의 혁명적 당군건설 업적은 주체혁명의 승리적 전진을 힘있게 다그치는 만년재부이다」, 노동신문, 2020.8.25.; 「북한, '선군절' 맞아 군에 충성 요구… "백두 혈통만 따라야"」, 연합뉴스, 2020.8.25. 재인용.
03 연합뉴스, 앞의 기사.

▲ 노동당 창건 75주년 기념 열병식. (2020.10.10.)

제 도입을 선언하면서 사실상 군대가 당군이 아닌 국군으로 되었기 때문이다. 국군이 된 소련 군대의 임무는 국가 방어에 한정되며 체제 수호는 임무가 아니었다. 같은 해 8월 18일 소련 사회주의 체제를 지키려는 쿠데타가 발발하자 소련군은 쿠데타에 합류한 군대와 보리스 옐친 러시아 대통령에게 충성을 맹세하는 군대로 갈라졌다. 그러나 쿠데타군도 별다른 저항을 하지 못하고 급격히 와해, 진압되었다. 이 사건을 계기로 소련은 군대 내 공산당 조직을 해체하고 활동을 금지했다. 결국 이듬해 12월 26일 소련은 해체를 선언했다.

  이런 현실을 보고 북한은 인민군의 '수령의 군대', '당의 군대' 성격을 더욱 분명히 했다.[04]

---

04 「북은 집단지도체제가 과연 가능한가?」, 통일뉴스, 2020.5.15.

2021년 2월 8일 건군절 73주년을 맞아 노동신문은 사설을 통해 "인민군대를 철저히 노동당화하는 것, 바로 여기에 우리 식 사회주의의 승리적 전진이 있고 우리 국가와 인민의 강대함과 창창한 전도가 있다"라고 주장했다. 신문은 "혁명 투쟁에서 당과 군대는 불가분리의 관계에 있다. 혁명적 당은 군대를 틀어쥐어야 불패의 위력을 발휘할 수 있고 혁명군대는 당의 영도를 받아야 무적 필승의 전투대오로 위용 떨칠 수 있다"라면서 인민군이 어떤 조건과 환경에서도 당의 명령과 지시를 무조건 접수하고 관철하는 혁명적 군풍을 더욱 철저히 확립하고 국가방위뿐만 아니라 사회주의 건설을 위한 군민 대단결에도 선도자적 역할을 해야 한다고 강조했다.[05]

2절. 국방과 경제를 제1선에서 맡아

군대가 국방을 맡는 것은 당연한 일이다. 그런데 경제까지도 맡아 하는 것은 매우 특이한 모습이다.

물론 군대가 대민 봉사를 하는 등 경제에 긍정적 역할을 하는 경우도 있다. 하지만 이는 군대가 소비하는 막대한 예산에 비하면 매우 미미한 수준이다. 그렇다고 경제를 위해 무작정 군대를 축소하면 나라를 지킬 수 없다. 그래서 어느 나라나 적정한 군대 규모를 정하는 게 중요한 문제다. 한편 군부독재국가의 경우 군부가 국가 경제를 장악하고 주요 산업에도 진출하는 경우가 있으나 이는 군벌의 권력 유지를 위한

---

05 「북, 건군절 맞아 '당의 영도를 받는 군' 강조」, 통일뉴스, 2021.2.8.

▲ 평양시 송신·송화지구 1만 세대 아파트 건설 착공식에서 김정관 국방상에게 지휘부 깃발을 수여하는 김정은 국무위원장. (2021.3.23.)

장치일 뿐 군대가 국가 경제를 발전시키는 것과는 거리가 있다.

북한처럼 아예 경제 건설을 군대의 주된 사명으로 못 박고 있는 나라는 어디에도 없다. 인민군이 내건 구호 '조국 보위도 사회주의 건설도 우리가 다 맡자'에서 볼 수 있듯 인민군은 국가 방어와 경제 건설 모두에서 주력군의 역할을 한다.

김정은 국무위원장은 2012년 4월 15일 열병식 연설에서 "우리 인민군대는 자기 이름에 인민이라는 글자를 새긴 때로부터 조국의 수호자로서뿐 아니라 인민의 행복의 창조자로서 부강 조국 건설에 뚜렷한 자욱을 남기었습니다"라고 했다.

인민군은 실제로 북한의 경제 건설에서 중요한 역할을 했다. 최근 북한이 주요 경제 성과로 꼽는 양덕온천문화휴양지, 원산 갈마 해안관광지구, 중평채소온실농장, 연포채소온실농장, 검덕지구 광산 도시 등은 모두 인민군이 주축이 되어 건설한 것이다. 특히 북한이 5년 기한으로 건설 중인 평양시 5만 세대 아파트 건설의 주력을 인민군이 맡으면서 김정은 국무위원장은 준공식장에서 김정관 국방상에게 건설 지휘부 깃발을 수여했다.

김정은 국무위원장은 2019년 신년사에서 "(군수공업 부문에서) 여러 가지 농기계와 건설기계, 협동품들과 인민소비품들을 생산하여 경제발전과 인민 생활 향상을 추동하였습니다"라고 평가했다. 2022년에도 군수공업 부문에서 농기계 5,500대를 제작해 황해남도에 보내주는 성과가 있었다.

이처럼 인민군이 경제 건설에서 중요한 역할을 하다 보니 북한은 인구나 경제 규모에 비해 방대한 군대를 유지하지만 이게 다른 나라처럼 경제의 발목을 잡는 게 아니라 오히려 경제 발전의 동력으로 작용하고 있다.

3절. '군민일치'

동서고금을 막론하고 군대와 민간인의 관계는 대체로 우호적이지 않다.

애초에 군대는 지배층을 지키기 위해 탄생했다. 지배층의 이익을 위해 복무하는 군대가 민간인과 사이좋을 수 없다. 군대는 민간이 갖출 수 없는 무장을 가지고 있기에 민간인을 억압하는 자리에 서기 쉬웠다. 경찰이 막지 못하는 민중 봉기를 진압하는 것도 결국은 군대다.

또한 군대는 생산성이 없이 소비만 하는 집단이다 보니 결국 민간인이 낸 세금으로 운영된다. 민간이 군대를 먹여 살리는 셈인데 군대가 비대할수록 민간의 부담은 커진다. 이 역시 군대와 민간인의 관계를 나쁘게 만드는 요인이다.

군대와 민간의 공간이 완전히 분리된다면 그나마 충돌이 적겠지만 그렇지 않으니 군대가 민간인, 그것도 자국민을 약탈하는 경우도 심심치 않게 존재한다.

인민군의 뿌리인 조선인민혁명군을 만들 때도 이런 문제가 부각되었다. 북한은 당시 민족주의 세력이 만주에 이주해서 힘들게 사는 조선인들에게 군자금을 무리하게 걷으면서 독립군과 민심이 멀어졌다고 설명한다. 또 중국인 부대인 구국군 일부는 마적으로 전락해 마을 사람들을 약탈하기도 했다.

이런 속에서 김일성 주석은 조선인민혁명군을 만들면서 "고기가 물을 떠나서 살 수 없는 것처럼 유격대가 인민을 떠나서 살 수 없다"라고 강조하면서 군민일치의 전통을 만들었다고 한다.[06]

북한은 "군민일치란 군대와 인민이 참다운 혁명동지로서 굳게 뭉쳐 서로 존경하고 아끼고 사랑하며 생사고락을 같이하는 것"이라고 한다. 노동신문은 "오늘의 우리 혁명은 군민일치를 하나의 미풍으로만이 아니라 우리의 운명과 혁명의 승패를 좌우하는 혁명의 동력 문제로 내세웠으며 군대와 인민의 관계가 사랑과 원호의 유대로부터 정치 사상적, 정신 도덕적 풍모의 일치의 높이에까지 올라설 것을 요구하며 조선의 위력은 군민일치의 위력이다"라고 주장했다.[07]

실제로 북한에서 군대는 국가 경제 건설의 핵심 세력으로 자리 잡고 있으며 민간은 군대의 사상 및 사업방식을 따라 배워서 혁명과 건설에 매진하게 된다고 한다.[08] 그래서 탈북자인 최영식 씨는 북한에 있을 때 민간에서 "위험하고 어려운 상황에서는 자신들도 모르게 군대 동무들을 찾게 되고 길을 가다가도 군대를 보면 마음이 든든해진다"라고 회상했다.[09]

이처럼 군민일치는 인민군의 중요한 특징 가운데 하나며 북한 사회 발전의 중요한 요소로 볼 수 있다.

---

06 서유석, 「바람개비 – 북한의 삶 이모저모」, 『월간북한』 2017년 2월, 148쪽.
07 송경호, 『북한의 선군정치 추진실태와 향후 전망』, 치안정책연구소, 2008.
08 정성임, 「북한의 민군관계: 군 역할을 중심으로」, 『북한연구학회보』 제13권 제1호, 2009, 236쪽.
09 최영식, 「군민일치에 대해」, 자주시보, 2018.11.3.

2부. 정전협정

한반도는 지금도 정전체제에 있으며 전쟁 위기가 상존한다.
정전협정이 어떻게 체결되었고 또 어떻게 파괴되었는지,
이 과정에서 드러난 문제점은 무엇이고
또 한반도 평화를 위해 어떤 노력이 있었는지를 살펴보는 것은
정전체제를 평화체제로 전환하여 이 땅에 평화가 깃들게 하는 데서
중요한 의의가 있을 것이다.

▲ 정전협정문을 검토하는 김일성 주석. (1953.7.)

1장. 정전협상 과정과 특징

1절. 정전협상을 제안하기까지

1950년 시작된 한국전쟁은 1년도 채 지나지 않아 애초의 경계선이었던 38선을 중심으로 고착 국면에 들어갔다. 소모전이 길어지면서 전쟁 당사자와 유관국들은 군사적 방법이 아닌 정치적 해법을 찾기 시작했다.

물론 그 전부터 휴전 혹은 정전에 대한 이야기가 없었던 것은 아니다. 예를 들어 인천상륙작전 직후인 1950년 9월 16일 해리슨 매슈스 미 국무부 차관보는 국무부 대외군사문제 및 원조 담당 특별보좌관 제임스 번스 소장에게 북한의 휴전 제의에 대비한 휴전 구상 지침을 사령관에게 전달해야 한다는 1급 비밀문서를 보냈다.[01]

---

01 김명기, 『한반도평화조약의 체결』, 국제법출판사, 1994, 40~41쪽.

미국은 전황이 불리해진 북한이 먼저 휴전 제의를 할 것으로 예측했다. 그러나 북한은 후퇴 과정에서 반격을 준비했을 뿐 휴전 제의는 하지 않았다.

김일성 주석은 전쟁 초기 낙동강까지 진격한 것을 전쟁 제1계단으로, 후퇴 시기를 전쟁 제2계단으로 구분하고 제2계단 전략적 방침을 제시했다. 1950년 9월 25일 북한군 최고사령부 작전회의와 27일 도당위원장협의회에서 제시한 전략적 방침은 "현 계단에 있어서 우리 당의 전략적 방침은 적들의 진공 속도를 최대한으로 지연시키면서 시간을 쟁취하여 인민군 주력부대들을 구출하고 새로운 후비 부대들을 편성하여 강력한 반공격 집단을 형성하며 계획적인 후퇴를 조직하는 것"이라고 했다.[02]

김일성 주석은 후퇴가 곧 패배는 아니며, 후퇴 기간을 반격 준비를 위한 시간으로 삼아야 한다고 본 듯하다. 따라서 휴전은 고려 대상이 아니었다.

김일성 주석이 이런 판단을 한 것은 유엔군의 포위에 약점이 있다고 보았기 때문이라고 한다. 김일성 주석은 유엔군의 포위가 형식에 불과하고 그 범위가 넓어 실제로는 서울 동쪽부터 전선 동부까지 빈 공간이 발생할 수밖에 없으며, 기본 전선인 낙동강 전선과 상륙지점인 인천의 거리가 멀어 여기에도 치명적인 약점이 있다고 보았다고 한다.[03]

---

02 『김일성전집 12』, 조선노동당출판사, 1995, 323쪽.
03 리준항·김정철, 『위대한 수령 김일성동지 조국해방전쟁령도사 2』, 사회과학출판사, 2013, 9쪽.

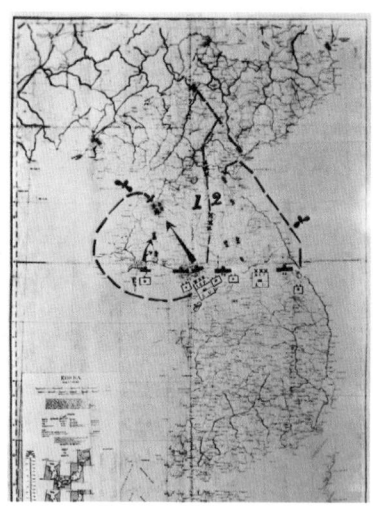
▲ 유엔군의 북진 작전도.

1950년 10월 1일 한국군 3사단이 38선을 넘어 북진을 감행했다.[04]

38선 이북으로의 진격은 여러 논란을 낳았다. 그리고 이 논란은 한국전쟁의 성격 그리고 한국전쟁을 바라보는 한미의 시각을 보여주었다.

한미는 한국전쟁을 북한의 '불법 남침'이라고 주장했다. 따라서 북한의 '침략'을 무찔러 38선 이북으로 되돌려 보내는 것으로 전쟁에 승리할 수 있었다. 유엔 안전보장이사회도 이런 미국의 관점을 수용해 6월 25일 결의문 제82호에서 "북한 당국이 그 군대를 38선 이북으로 철수할 것을 촉구"하였으며 27일 결의문 제83호에서도 "무력 공격의 격퇴"를 명시했다. 즉, 38선 이남에 넘어온 북한군을 '격퇴'하는 게 유엔 안보리의 결정이었다.

---

04 훗날 한국 정부는 이를 기념해 10월 1일을 국군의 날로 지정했다.

▲ 낙동강 방어선 전투. ⓒ Debri-DV

 이런 논리와 시각에 따르면 유엔군이 38선 이북으로 진격하는 것은 북한을 '침략'하는 것으로 된다. 그런데 한국군은 그것을 감행했다. 물론 한국군의 독자적인 판단이 아닌 유엔군, 더 정확히는 미군의 지시가 있었을 것으로 보인다.
 미국은 낙동강까지 후퇴를 거듭하던 1950년 7월 중순에 이미 38선 너머로 진격할 계획을 세우고 있었다. 딘 애치슨 국무부 장관, 존 덜레스 국무부 장관 고문, 딘 러스크 국무부 동아태차관보 등은 미국이 한반도를 무력 통일해 친미·반소 정권을 세워야 한다고 주장했다. 이에 9월 1일 미 국가안전보장회의는 더글러스 맥아더 유엔군 사령관이 38선 이북으로 진격하는 것을 허용하는 지침을 완성했고 11일 해리 트루먼 대통령이 서명했다. 맥아더 사령관은 9월 15일 인천 상륙 작전을 감행하였고 북쪽으로 진격했다. 트루먼 대통령은 27일 중국이나 소련

▲ 유엔 총회 결의 376(V)호.

의 저항에 부딪히지 않고 성공이 확실하다면 북한 전역을 돌파하라고 맥아더 사령관에게 지시했다.[05]

10월 2일 맥아더 사령관은 전 부대에 38선 돌파 명령을 하달했다. 이는 명백히 유엔 안보리 결의문의 내용을 넘어선 것이었다. 미국은 뒤늦게 유엔에 추가 승인을 요구했고 10월 7일에야 유엔은 총회 결의 376(V)호를 채택했다. 하지만 그 내용은 "한반도 전체에 걸쳐 안정상태를 확보하기 위해 모든 적절한 조치를 취할 것"으로 38선 북진 승인 여부에 대한 논란이 여전히 남았다.

유엔군의 북진은 중국을 자극했다. 저우언라이周恩来 중국 총리는 10

---

05 Walter LaFeber, 『America, Russia, and the Cold War, 1945-1996』 8th ed., McGraw-Hill, 1997, 113~114쪽.

▲ 웨이크섬에서 만난 트루먼(왼쪽)과 맥아더.

월 3일 주중 인도대사 카발람 파니카와 면담을 하고 '유엔군이 38선을 넘는다면 중국은 전쟁에 개입하겠다'는 내용을 미국에 전달해달라고 했다. 그러나 미국은 이를 무시하고 북진을 계속했다. 결국 10월 16일 밤 중국군 제42군 124사단 370연대가 샤오젠페이肅劍飞 부사단장의 인솔 아래 압록강을 넘어 북한 영내 30킬로미터 남짓까지 진입했다.[06]

그러나 당시 맥아더 사령관은 전황을 오판하고 있었다. 10월 15일 태평양의 웨이크섬에서 열린 트루먼 대통령과의 회담에서 맥아더 사령관은 중국의 참전 가능성에 대해 "개입의 공산은 극히 적다. …중략… 그들은 공군이 없기 때문에 만일 평양을 확보하기 위해 남하할 경

---

06 이상호, 『맥아더와 한국전쟁』, 푸른역사, 2012, 252·264쪽.

우에는 사상 최대의 섬멸전에 의해 희생되고 말 것이다"라고 하였고 "11월 23일의 추수감사절까지는 전쟁을 끝내고, 크리스마스 때까지 제8군을 일본으로 복귀시키고 싶다"라고 호언장담했다.

이런 판단 아래 맥아더 사령관은 10월 24일 "전 병력을 투입해 최대한 빨리 압록강과 두만강 선까지 진격"하라는 이른바 '추수감사절 공세'를 개시했다.

한편 같은 날 김일성 주석은 반격 준비가 일정하게 갖추어졌다고 판단하고 북한군 최고사령부 작전회의에서 전쟁 제3계단을 선포하여 "빠른 시일 내에 재진격으로 넘어가 공화국 북반부에 침입한 적들을 38도선 이남으로 구축하면서[쫓아내면서] 적의 역량을 부단히 소멸·약화시키는 한편 전쟁의 종국적 승리를 위한 모든 준비를 튼튼히 갖출데 대한 (새로운) 전략적 방침"을 제시했다.[07]

김일성 주석은 당시 상황이 북한군 측에 유리하고 유엔군 측에 불리하게 돌아간다고 분석했다고 한다.[08]

일단 북한군은 김일성 주석의 조처에 따라 후퇴 기간 병사, 사관, 군관을 과감히 등용하여 각급 군관학교에서 단기 강습을 진행해 장교로 양성하고, 새로 조직한 예비부대를 후퇴해 들어간 북한군 연합부대에 편입시켜 주력부대를 급속히 확대하며 또 군수 생산도 확대했다. 또한 전쟁을 통해 군인들이 김일성 주석의 독자적인 전법을 익히고 단련했다고 한다. 여기에 중국인민지원군까지 참전하여 도움을 주었다.

반면 유엔군은 속전속결을 서두르다 전선 서부와 동부로 나뉜 2개

---

07 『김일성전집 13』, 조선노동당출판사, 1995, 20쪽.
08 리준항·김정철, 앞의 책, 86~88쪽.

공격집단의 거리가 멀어지면서 연계가 제대로 되지 않고 수송에도 어려움을 겪었다. 특히 미8군과 미10군단이 맥아더 사령관의 지휘 아래 독립적으로 행동했기 때문에 협동 과정에서 혼란이 많았다. 또 깊은 산악지대에서 엄동설한을 맞아야 하는데 이는 유엔군에게 매우 불리했다. 여기에 북한군 제2전선 부대와 주민들이 직접 무장한 인민유격대가 후방에서 계속 유엔군을 공격했다.

이런 상황 판단 아래 김일성 주석은 총반격을 결정했다고 한다.

김일성 주석은 10월 25일부터 전쟁 제3계단 제1차 작전을 시작할 것을 명령했다. 그 결과 유엔군의 추수감사절 공세는 막대한 피해로 끝이 났다. 한국군 제6사단과 미군 제8기병연대는 부대가 와해하였으며, 한국군 제1·8사단, 미군 제1기병사단도 큰 타격을 입었다.[09]

그러나 맥아더 사령관은 여전히 전황을 낙관하고 11월 24일 이른바 '크리스마스 공세Home by Christmas' 작전을 명령했다.

김일성 주석은 이에 대비해 11월 17일 북한군 제2군단장에게 전쟁 제3계단 제2차 작전 방침을 명령했다. 김일성 주석은 "앞으로 진행할 작전에서 우리는 주 타격 방향을 전선 서부에 두고 전반적 전선에서 반공격으로 넘어가며 주력부대들과 적 후방에서 활동하고 있는 제2전선 부대들과의 배합 작전을 적극 벌여 적의 기본집단들을 청천강, 장진호반, 함흥, 청진 일대에서 포위·소멸하고 공화국 북반부의 전 지역을 적의 강점으로부터 해방할 것입니다. 그리고 전투성과를 38도선 이남으로 계속 확대하여 전쟁의 종국적 승리를 촉진시킬 것입니다. 이것

---

09 강경표 외, 『한권으로 읽는 6.25 전쟁사』, 진영사, 2012, 211·226·227쪽.

▲ 장진호 전투에서 전사한 미군.

이 우리의 기본 작전적 방침입니다"라고 했다.[10]

이에 따라 크리스마스 공세 바로 다음 날 북한군과 중국인민지원군이 총반격에 돌입하면서 유엔군은 심각한 피해를 보았다. 한국군 제7사단은 덕천지역에서, 제2군단은 청천강에서 붕괴했다. 튀르키예여단은 3분의 1 이상의 병력 손실을 보았다. 미군 제8군단은 심각한 붕괴 위기에 휩싸였고, 제2사단은 3천여 명의 사상자가 발생하고 대부분 장비를 상실하여 완전히 와해하였으며 사단장은 직위에서 해제됐다. 특

---

10 『김일성전집 12』, 조선노동당출판사, 418쪽.

히 장진호 철수 과정에서 미 제1해병사단은 2·3중 포위를 당해 8천여 명의 사상자가 발생, '아무도 기억하지 않는 전쟁'이라 부를 만큼 심각한 타격을 입었다.[11]

결국 맥아더 사령관은 긴급 작전회의를 소집, 철수를 승인했다. 이에 따라 유엔군은 12월 4일 평양에서 철수했으며, 연말에는 38선까지 후퇴했다. 동부 전선은 퇴로가 차단돼 미10군단과 기타 패잔 부대들이 흥남항에서 해상으로 철수했다.

2절. 미국의 요청으로 정전협상을 제안하다

두 차례 대공세가 실패로 끝나자 1950년 12월 14일 유엔 총회 결의 384(V)호는 "한국에서 원만한 평화$_{cease-fire}$가 이뤄질 수 있는 근거를 결정하고, 조속한 시일 내에 권고를 이행하기 위해 총회 의장을 포함한 3명의 그룹을 구성할 것을 요청"했다. 이에 따라 나스르알라 엔테잠 미국 주재 이란 대사 겸 유엔총회 의장, 레스터 피어슨 캐나다 외교부 장관, 베네갈 라우 유엔 주재 인도 대표 겸 유엔 안보리 의장이 정화 3인단으로 구성되었다. 그러나 이들은 중국과 교섭에 실패했다.

1951년 1월 4일 유엔군은 서울까지 북한에 내주며 후퇴를 거듭했다. 3월 14일 유엔군이 서울을 재탈환하기 이틀 전인 12일 미8군 사령관 매슈 리지웨이는 "38선에서 휴전이 된다면 유엔군의 대승리"라고 이야기했다. 이는 38선 이북으로 재진격이 어렵다는 뜻이기도 했다.

---

11 강경표 외, 앞의 책, 231~239쪽.

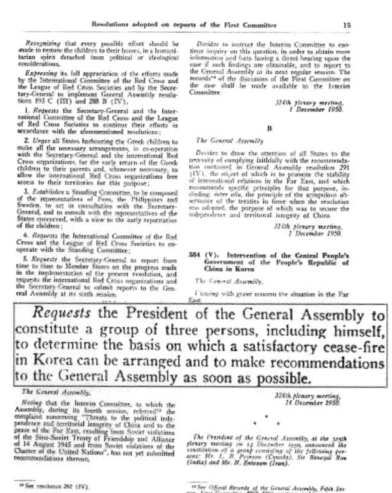
▲ 유엔 총회 결의 384(V)호.

38선 부근에서 유엔군과 북한군 양측 모두 진격이 쉽지 않은 상황에서 전선은 고착 국면에 접어들었다.

  이 시기 김일성 주석은 전쟁 제4계단 전략적 방침을 제시했다. 1951년 5월 30일 노동당 중앙위 정치위원회 등에서 김일성 주석은 "오늘 우리 앞에 나선 선차적 임무는 전선을 공고히 하는 것입니다. 미제의 대규모적인 무력 증강 책동에 의하여 조국해방전쟁이 장기성을 띠게 된 조건에서 완강한 진지 방어전을 하여야 합니다"라고 했다.[12] 즉, 김일성 주석의 구상은 '튼튼한 방어진지를 만들어 현 전선을 지키면서 상대를 끊임없이 공격하는 한편 군대와 후방을 강화해 전쟁의 종국적 승리를 위한 조건을 마련하자'는 것이었다고 한다.

---

12 『김일성전집 14』, 조선노동당출판사, 1996, 64쪽.

▲ 영웅, 모범 병사들과 담화하는 김일성 주석. (1951.6.)

한편 미국은 막대한 피해로 인해 난감한 처지에 있었다. 정전협상이 개시되기 직전인 1951년 6월까지, 즉 한국전쟁 시작 후 1년간 미국은 약 7만 8,800명의 인명 손실, 100억 달러를 상회하는 전쟁 비용을 감당해야 했다. 이는 미국이 제2차 세계대전 첫 1년 동안 입은 손실의 두 배가 넘는다. 그런데도 전쟁 승리의 전망이 보이지 않고, 미국 내 여론도 부정적이었다.[13] 정전협상에 나서지 않을 수 없었다.

이에 1951년 6월 들어 미국은 본격적으로 소련과 물밑 접촉을 시도한다. 6월 1일과 5일 전직 소련 주재 미국 대사였던 조지 케넌은 야코프 말리크 유엔 주재 소련 대사를 만나 정전에 대해 논의했다. 그 결과 형식적으로는 전쟁 당사국이 아니었던 소련이 먼저 정전협상을 제안하기로 합의를 보았다.[14]

이처럼 협상 제안을 복잡하게 가져간 이유는 정전협상을 먼저 제안한 측이 '패배자'가 되기 때문이었다. '전쟁에 불리하니 정전협상을 제안하는 것'이라는 인식이 생길 것을 우려한 미국은 북한이 먼저 정전협상을 제안해 자신이 '승리자'로 인식되기를 바랐다.

그러나 북한은 이런 의도를 파악하고 있었다. 당시 김일성 주석은 '우리가 무엇 때문에 정전 담판을 먼저 제기하겠는가, 우리는 그 어떤 장기전도 할 수 있으며 적들의 온갖 군사적 모험을 철저히 짓부숴버릴 각오와 준비가 되어 있다'는 태도를 보였다고 한다.[15]

1951년 6월 16일 트뤼그베 리 유엔 사무총장이 휴전을 보장하는 성

---

13 김상원 외, 『휴전회담 개막과 고지쟁탈전』, 국방부 군사편찬연구소, 2012, 28쪽.
14 김상원 외, 앞의 책, 32쪽.
15 리준항, 『위대한 수령 김일성동지 조국해방전쟁령도사 3』, 사회과학출판사, 2013, 95쪽.

명을 발표했고, 23일에는 말리크 대사가 라디오 방송을 통해 휴전을 암시했으며, 27일에는 안드레이 그로미코 소련 외무차관이 휴전을 제안하는 성명을 발표했다. 이에 30일 리지웨이 사령관은 유엔군사령부(유엔사) 방송을 통해 휴전협상을 제안했고, 7월 1일 김일성 주석과 펑더화이彭德懷 중국인민지원군 총사령관이 공동명의로 동의를 표했다.

김일성 주석은 6월 30일 노동당 중앙위 정치위원회 결론 「미제의 정전담판 제의에 대한 우리 당과 공화국정부의 립장」과 7월 초 내각 전원회의 등에서 정전협상을 어떻게 볼 것인지 입장을 제시했다. 김일성 주석은 '미국이 정전협상을 제의한 것은 패전을 인정한 것이며 정전 기간에 외국군대 철거를 요구할 수 있고 통일의 조건을 성숙시킬 수 있어 협상은 나쁘지 않다'라는 취지로 설명했다.[16]

그러나 이승만 대통령은 이런 움직임을 격렬히 반대했다. 이 대통령은 정전논의가 본격화하기 전인 1951년 3월 24일 중국 국경까지 진격하기 전에 정전은 안 된다고 담화문을 발표했다. 6월 9일에도 38선 휴전 결사반대를 선언하였고, 6월 27일에는 그로미코 차관의 휴전 제안 성명을 거부했다.

결국 유엔군과 북한군, 중국인민지원군은 한국 정부를 배제한 채 7월 8일 개성 북쪽 래봉장에서 예비회담을 열고 곧바로 10일 본회담을 개최했다. 본회담에는 터너 조이 미 극동 해군 사령관, 헨리 호데스 미 8군 참모부장, 로런스 크레이기 미 극동 공군 부사령관, 알리 버크 극동 해군 참모부장, 백선엽 한국군 제1군단장이 유엔 측 대표로, 남일

---

16 리준항, 앞의 책, 96쪽.

▲ 최초의 정전협상이 진행된 래봉장.

대장(수석대표), 이상조 소장, 장평산 소장이 북한군 대표로, 덩화$_{邓华}$ 중장, 세팡$_{谢方}$ 소장이 중국인민지원군 대표로 참석했다.

유엔군이 북한, 중국인민지원군과 정전회담을 개최하기로 한 과정은 전적으로 미국의 판단 아래 이루어졌다. 트뤼그베 리 사무총장은 "미국은 유엔 총회나 안보리의 추가적인 허가나 지침 없이 정전이나 휴전협정을 체결할 권리를 갖는다"라고 입장을 정리했다.[17] 이는 사실상 미군이 유엔군을 좌지우지하고 있었으며 유엔은 방관자 혹은 미국의 대리인이었음을 보여준다.

---

17 Leland. M. Goodrich, 『Korea: A Study of U.S. Policy in the United Nations』, Council on Foreign Relations, 1956, 183~184쪽.; 이상철, 「한반도 정전체제와 UNC 위상」, 『한반도 군비통제』 제34집, 국방부, 2003.12.24., 294~295쪽 재인용.

3절. 정전회담 748일

정전회담은 1951년 7월 10일에 시작해서 1953년 7월 27일에 끝났다. 장장 748일을 진행한 것이다. 전체 전쟁 기간의 3분의 2가 회담 기간인 셈이다. 이 기간에 총 159회의 본회담과 765회의 각종 회담이 있었다. 회담이 이토록 오래 걸린 이유는 여러 쟁점과 고비가 있었기 때문이다. 이 가운데 특히 두 차례의 큰 고비가 있었는데 이를 중심으로 살펴본다.

1. 첫 번째 고비: 군사분계선

1951년 7월 10일 유엔과 북한은 의제 선정을 위한 첫 예비 협상에 돌입했다.

첫 협상에서 유엔군은 ▲구체적 의제 채택 ▲국제적십자사 대표 포로수용소 방문 ▲한반도 내 순수한 군사 문제 토의 ▲한반도 무력 행위 재발 방지를 위한 세부 사항 토의 ▲군사분계선 내 비무장지대 설정 ▲적대행위 방지와 감시를 위한 군사정전위 구성 ▲군사정전위의 한반도 내 감시 수행 ▲감시행위를 위한 군사감시단 구성과 기능 설정 ▲전쟁포로에 관한 협정 등 9개 항을 제시했다.

북한군은 ▲구체적 의제 채택 ▲38선을 중심으로 군사분계선 설정 및 10킬로미터 비무장지대 설치 ▲한반도에서 모든 외국군 철수 ▲전쟁포로에 관한 협정 등 5개 항을 제시했다.

첫 협상의 쟁점은 군사분계선 설정, 외국군 철수, 국제적십자사 대표의 포로수용소 방문 문제였다. 논란 끝에 양측은 7월 26일 ▲의제 채택 ▲비무장지대 설치를 위한 군사분계선 설정 ▲정전이행 감시를 위한 위원회 설치 ▲포로교환 문제 ▲외국 군대 철수와 한반도 문제의 평화적 해결을 위해 관계국 간의 정치협상 개최 권고 등 5개 항의 의제를 합의했다.

이에 따라 곧바로 군사분계선 문제부터 협상에 들어갔다. 유엔군은 유엔군이 우세에 있는 공군력과 해군력을 감안하여, 북한군이 점령하고 있는 현 전선의 위치에서 더 북쪽으로 물러난 선에서 군사분계선을 설정해야 한다고 주장했다. 반면 북한군은 지상군 대치선과 유사하며 전쟁 전의 경계선이었던 38선을 군사분계선으로 하여 이 선을 따라 남북으로 폭 10킬로미터의 비무장지대를 설정할 것을 주장했다.[18]

양측이 서로의 주장을 굽히지 않으면서 협상에 진전이 없자 미국은 8월 중순부터 무력 대응으로 방향을 전환했다. 유엔군 사령관 리지웨이의 전황 보고에 따르면 8월 17일부터 동부 전선에서 감제고지를 확보하기 위한 치열한 전투가 있었고 진지는 반복적으로 주인이 바뀌었다고 한다. 또한 중폭격기가 거의 매일 나진항에 출격해 조차장과 철도차량에 3,417발의 폭탄을 투하했다. 8월 16일부터 31일 사이에 심리전 전단을 4천만 장 가까이 뿌리기도 했다.[19]

9월 들어 유엔군은 추계공세를 시작했다. 추계공세의 핵심은 강원도 양구 1211고지 전투였다.

당시 김일성 주석은 유엔군이 전선 서부에 무력을 증강했지만 이를

---

18 김선숙, 「한국전쟁의 휴전협상과정에 관한 연구」, 『21세기정치학회보』 2002년 12권 2호, 2002. 70쪽.
19 미 해외참전용사협회 / 박동찬·이주영 역, 『한국전쟁 1』, 눈빛, 2010, 483쪽.

▲ 1211고지 전투. ⓒ ILNA

위장전술로 판단하고 부대를 전선 동부로 집중시켰다. 그리고 산이 많은 실정에 맞게 직사포를 고지에 끌어올려 효율성을 높이도록 하였으며 포를 집중적으로 배치해 기존의 2배 이상 늘렸다.

특히 김일성 주석은 1211고지 방어에 큰 힘을 쏟았다. 최고사령부 작전실과 1211고지 방어부대 사이에 직통전화선을 가설하고 무선통신망도 갖출 정도였다. 김일성 주석은 9월 23일 아침 1211고지에 잇닿은 1237.3고지에 올라 1211고지 방어를 맡은 제256군부대 지휘관과 담화하고 격려했다. 26일 밤에는 제256군부대가 속한 제2군단의 최현 군단장에게 전화로 후방 지원을 잘할 것을 당부하기도 했다.[20]

유엔군은 1211고지를 점령하기 위해 집요하게 공격했지만 끝내 실

---

20 리준항, 앞의 책, 40~45쪽.

패했다. 북한 자료에 따르면 10월 20일까지 유엔군이 130여 회 공격을 되풀이했으나 8천여 전사자를 남긴 채 철수했다고 한다.

특히 미국은 하계, 추계 공세 기간 핵무기 사용을 적극 검토했으며, 비밀 해제된 미 육군 문서에 따르면 1950년 8월 중순에 이미 핵무기를 한국 전장에 배치했고, 1951년 9~10월에는 B-29 전략폭격기들이 평양 상공을 비행하면서 모형 핵폭탄을 투하하기도 했다.[21]

유엔군의 하계, 추계 공세가 실패하자 정전협상이 재개됐고 유엔군 측은 현 접촉선보다 북쪽으로 군사분계선을 설정하자는 주장을 철회하고 대신 개성을 유엔군에 반환할 것을 요구했다. 이에 북한군도 38선 안을 철회하였으나 개성 반환은 거부했다. 당시 영국을 비롯한 미국의 동맹국들은 물론 미국 내의 여론도 정전협상을 빨리 진행할 것을 요구하였기 때문에 결국 유엔군은 개성 반환 요구를 접어야 했다.

결국 11월 17일 분과위원회에서 군사분계선 설정 문제를 합의하고 1952년 1월 27일 본회의에서 최종 타결했다. 최종 타결안은 현 접촉선을 군사분계선으로 하며, 각각 2킬로미터씩 철수하여 비무장지대를 설치하고, 30일 이내에 정전협정이 조인되지 않을 경우 접촉선에서 발생한 변화에 따라 군사분계선을 수정한다는 내용이었다.

군사분계선 문제가 해결된 후 정전이행 감시를 위한 위원회 설치, 외국 군대 철수와 한반도 문제의 평화적 해결을 위해 관계국 간의 정치협상 개최 권고 문제가 논의되었는데 상대적으로 원만히 해결됐다. 정전이행 문제는 1952년 1월 27일부터 논의되었는데 5월 2일 스웨덴,

---

21 「미, 1951년 9, 10월 평양상공 모의원폭 투하」, 연합뉴스, 2010.10.10.

스위스, 폴란드, 체코슬로바키아로 중립국 감독위원회를 구성하기로 합의했다. 정치협상 권고는 1952년 2월 19일 양측 군사령관이 관계 정부에 '정전협정이 조인되고 효력이 발생한 후 3개월 이내에 각기 대표를 파견하여 한 급 높은 정치회담을 소집하고 한반도에서 모든 외국 군대의 철수 및 한반도 문제의 평화적 해결 등의 문제들을 협의할 것'을 건의하는 것으로 매듭지었다.

2. 두 번째 고비: 포로교환

복잡한 문제가 모두 해결되고 마지막 남은 의제는 포로교환 문제였다. 포로교환 문제는 큰 어려움 없이 합의할 수 있으리라 예상했다. 포로의 대우에 관한 1949년 8월 12일 자 제네바협약(제3협약)_{Geneva Convention Relating to the Treatment of the Prisoners of War of August 12, 1949} 제118조는 "포로는 적극적인 적대행위가 종료한 후 지체 없이 석방하고 송환하여야 한다"라고 명시했다. 미국은 1951년 중반 이 협약을 비준했다. 따라서 포로교환 문제는 양측이 모든 포로를 송환하면 끝나는 단순한 문제였다. 그러나 모두의 예상을 뒤엎고 이 문제 해결에 정전회담 혹은 평화회담 사상 유례없이 오랜 시간이 걸렸다.

포로교환 문제가 복잡해진 이유는 미국이 포로송환에 부정적 입장을 보였기 때문이다. 미 육군 심리전 참모 로버트 매클루어 준장은 1951년 7월 5일 "미국은 이제까지 공산권을 상대로 자유세계로 망명해 오라고 심리전을 전개해 왔는데 공산군 포로를 강제 송환시키면 앞으로 누가 망명하려고 하겠는가?"라는 주장을 하며 '자발적 송환' 원칙을 세우고 중국인민지원군 포로를 대만으로, 북한군 포로를 남한으로

▲ 북한이 공개한 미군 포로.

보내자고 제의했다.

트루먼 미국 대통령 역시 유엔군이 장악한 포로의 수가 훨씬 많기 때문에 포로 전체를 교환하는 것이 손해라고 생각했다. 유엔군 측이 억류한 북한군, 중국인민지원군 포로는 13만 명이 넘지만, 북한군 측의 유엔군 포로는 1만 명을 넘는 수준이었기 때문이다.[22]

1952년 1월 유엔군은 포로 개인의 자유의사에 따른 자발적 송환의 원칙을 제시했다. 유엔군은 제네바협약이 포로 개인의 권리를 보장한

---

22 김학준, 『한국전쟁』, 박영사, 2010, 336~337쪽과 342~343쪽.

것이지 출신 국가에 권리를 부여한 것은 아니라는 논리를 내세웠다. 그러나 북한군은 제네바협약에 따라 전체 대 전체 방식으로 교환해야 한다고 반박했다. 유엔 내에서마저 제네바협약에 대한 해석상의 논란이 벌어지면서 여러 나라들이 다양한 중재안을 내놨지만 포로교환 문제는 해법을 찾지 못한 채 협상은 지지부진한 상황이 되었다.

이 와중에 미국 대선 시기가 다가왔다. 한국전쟁이 지지부진하면서 트루먼 대통령의 인기는 급락했고 급기야 1952년 3월 29일 재선 포기 선언까지 했다. 이에 반해 공화당은 제2차 세계대전의 영웅 드와이트 아이젠하워 장군을 영입해 승승장구하고 있었다. 아이젠하워는 선거 출마를 결심하고 5월 초 나토 최고사령관직을 사임했으며 그 후임에 리지웨이 유엔군 사령관을 임명했다. 이 바람에 유엔군 사령관이 미8군 사령관 마크 클라크로 바뀌었고 덩달아 정전협상 대표도 윌리엄 해리슨으로 바뀌었다.

클라크 사령관은 "공산주의자들과 싸워서 이기는 길은, 하나도 힘이요 둘도 힘이며 셋도 힘이다"라며 협상이 지지부진하면 힘으로 밀어붙여야 한다고 주장했다. 이때부터 유엔군은 강경한 태도를 취하기 시작했고 해리슨은 부임 후 첫 협상에서 일방적 휴회 선언을 하고 퇴장해 버렸다. 클라크 사령관은 6월 23일 압록강 주변 수력발전 시설을 집중적으로 공습하기 시작했다. 사흘 동안 1,400회 이상 출격하여 수풍댐을 비롯한 10개 이상의 발전소를 공격했다. 8월에는 1,254차례에 걸쳐 평양을 비롯한 주민 밀집 지역을 폭격했다.[23]

---

23 김선숙, 앞의 글, 90쪽.

▲ 클라크 사령관(왼쪽).

그러나 북한군의 양보를 끌어내는 데는 실패했다. 9월 29일 클라크 사령관은 "공산군의 사기는 결코 떨어지지 않았고, '뛰어난, 극도로 잘 조직된 방어적 위치'를 차지한 채, 충분한 병참 지원을 받고 있으며 군사력이 월등히 우세한 형편이다"라고 평가했다. 결국 10월 8일 유엔군은 무기한 휴회를 선언하고 퇴장했으며 이때부터 반년 동안 정전협상은 열리지 않았다.[24]

1952년 11월 4일 대통령에 당선된 아이젠하워는 12월 4일 극비리에 한국을 방문해 전황을 둘러본 뒤 전쟁을 빨리 끝내기 위해 새로운

---

24 김학준, 앞의 책, 351~354쪽.

▲ 철원 근방을 돌아보는 아이젠하워 대통령 당선인(왼쪽).

공세를 준비했다.

미국에 새 정권이 들어서고 신공세를 준비하고 있음을 파악한 북한은 이에 대비하기 시작했다. 김일성 주석은 노동당 중앙위 제5차 전원회의 결론에서 '전투준비를 더욱 철저히 갖춰 신공세 기도를 앞질러 분쇄해 전쟁 승리의 전환적 계기를 마련할 것'을 강조했다. 이에 맞게 해안 방어 능력을 강화하고, 부대 배치를 새로 하며, 병종 간 협동작전을 개선하고, 훈련을 강화하며, 현대전에 맞게 군수물자 생산을 늘리는 등 다양한 조처를 했다.

이 시기의 주목할 만한 전투는 1953년 1월 25일 강원도 철원 역곡천 부근 T자형 고지 꼭대기의 감자고지$_{spud\ hill}$에서 진행된 '스맥 작전$_{SMACK\ operation}$'이었다. 미군은 폭격기, 탱크, 보병, 포병을 결합한 일종의

▲ T자형 고지.

시범 전투를 준비했다. 동맹국 고관들과 기자들까지 초청했으며, 전투 시나리오가 담긴 컬러 팸플릿도 나눠주었다. 새로운 방식의 성공적인 전투 작전을 홍보하여 동맹국들에 더 많은 군사 지원을 요구할 구상이었던 것이다.

폭탄과 네이팜탄을 먼저 쏟아부은 다음 탱크와 포사격을 퍼붓고 난 뒤 미 7사단 31보병연대가 고지를 향해 진격했다. 공군은 112톤의 폭탄을 투하했고, 탱크는 7만 7천 발의 포탄을 발사했으며, 포병은 11만 2천 발의 포를 발사했다. 4,500발의 박격포와 5만 발의 기관총알, 650개의 수류탄이 날아갔다.

북한은 이 고지가 T자형으로 생겼다고 하여 정형$_{T形}$고지 전투라 부른다. 당시 김일성 주석은 전투 하루 전날인 1월 24일 오후 5시에 급보를 받고 최고사령부 예비 포병부대를 급히 파견해 유엔군이 미처 예상하지 못한 방향에서 집중포화를 하도록 했다고 한다. 부대는 밤새워 기동해 새벽 4시까지 전투 준비를 마치고 미군이 공격을 개시하기 위해 위치를 노출한 시점에 일제 포사격을 가해 치명타를 주었다.[25]

결국 미군은 수많은 사상자를 남긴 채 후퇴했다. 기자들은 정부 고관들을 초청해 놓고 참패한 전투에 대해 혹평했다.[26]

유엔군의 1월 공세가 무산되자 유엔군은 결국 4월 26일 정전협상을 재개했다. 송환을 원치 않는 포로들을 어떻게 할 것인지가 쟁점이었는데, 북한은 송환을 원치 않는 포로들을 중립국 송환위원회에 넘겨 6개월 동안 소속 국가와 면담하는 안을 제시했다. 이에 유엔군은 '송환을 원하지 않는 포로 전원은 중립국 송환위에 인계하되 남한지역 출신 포로들은 정전과 동시에 북한지역이든 남한지역이든 그들이 갈 곳을 스스로 결정할 자유와 함께 일반인의 신분으로 석방되도록 한다'는 제안을 했고 북한은 이를 강력히 거부했다.[27]

북한은 유엔군을 굴복시키기 위해 1953년 5월 13일~7월 27일에 걸쳐 3차례 공세를 펼쳤다. 이 과정은 클라크 사령관의 전황 보고에 잘 나와 있는데 이 책의 앞에서 소개했지만 다시 인용한다.

"5월 후반부 2주 동안 적 중대들과 대대들의 맹렬한 공격은 1953년에 들어 지금까지 치러진 지상 전투 중 가장 격렬했으며, 병력이 적었

---

25 리준항, 앞의 책, 386~388쪽.
26 Walter G. Hermes, 『Truce Tent and Fighting Front』, U.S. Government Printing Office, 1966, 385~389쪽.
27 김선숙, 앞의 글, 2001, 93~94쪽.

ⓒ ILNA

던 몇몇 유엔군 전초진지들을 상실하는 결과로 끝났다."

"5월에 시작된 격렬한 지상전은 6월에 더 격화되었다. 중대 규모로부터 사단 규모에 이르는 공산군 병력이 유엔군의 전초진지들과 주저항선 진지들에 대해 104번이나 강하게 몰아쳤다."

"(공산군이) 24시간 동안 전선 너머로 퍼부은 폭탄 수가 131,800발이라는 새로운 최고 기록을 세우기도 하였다."

"(7월 하반기에) 중대에서 사단 규모에 이르는 공산군 병력은 중부전선에 연한 유엔군 전초진지와 주저항선 진지에 대해 무자비한 공격을 가하였다. 그 전선의 서부지구에서 유엔군은 중대 혹은 그보다 큰 규모의 적 공격으로 다섯 번의 전투를 치렀고, 중앙지구에서 스무 번, 동부지구에서 세 번의 전투를 치렀다."[28]

---

28 미 해외참전용사협회, 앞의 책, 739~743쪽.

▲ 1211고지 전투 장면. [출처: 충청메시지]

특히 7월 13일~20일 중부 전선 금성 전투에서 유엔군은 5만여 명의 사상자를 내고 주요 고지를 빼앗기는 등 막대한 손실을 보았다.[29]

북한군의 공세가 이어지는 동안 협상이 이어졌고 여기서 유엔군은 남한지역 출신 포로들에 대한 자유송환 입장을 철회하고 중립국 송환 위에 포로 관리를 맡기자는 북한군 제안을 받아들이는 대신 포로 면담 기간을 6개월에서 90일로 단축하는 데 합의했다.

그러자 이번에는 이승만 대통령이 크게 반발하면서 6월 18~19일 이른바 반공포로를 석방하는 사건을 일으켰다. 당황한 미국은 한국군을 동원해 쿠데타를 일으켜 이승만 대통령을 몰아내려는 '에버레디 Everready' 작전계획을 세웠다가 한미상호방위조약을 체결해 주면서 달래는 선으로 마무리했다.

이승만의 포로 석방 사건은 명백한 유엔군 관리 책임이었기에 북한

---

29 위키백과 '금성 전투' 항목, https://bit.ly/3M1xcVw, 2023.10.14. 최종 확인.

▲ 한국전쟁의 한 장면. [출처: 중앙일보]

의 강력한 항의를 받았고 미국의 협상을 더 수세에 빠지게 했다.

그리하여 마침내 1953년 7월 27일 유엔군과 북한군은 정전협정에 조인하면서 장장 748일에 걸친 협상을 마무리하고 전투를 중지하게 되었다.

협상의 전 과정을 보면 유엔군과 북한군 모두 협상에서 우위를 차지하기 위해 군사력을 동원했음을 알 수 있다. 이는 "전쟁은 외교의 연장"이라는 카를 폰 클라우제비츠의 명제를 다시 떠올리게 한다. 결국 정전협상의 결과는 유엔군과 북한군 사이에 누구의 군사력이 더 우세한가에 의해 결정되었다고 할 수 있다.

▲ '조국해방전쟁 승리' 기념 열병식에서 손을 들어 인사하는 김일성 주석. (1953.8.15.)

2장. 북한은 왜 7.27을 기념하는가

1절. 6월 25일과 7월 27일

1950년 6월 25일 발발한 한국전쟁은 1953년 7월 27일 정전협정을 체결하면서 멈췄다.

한국 정부는 한국전쟁을 유엔군의 희생으로 북한의 남침에 따른 공산화를 막고 자유민주주의를 수호한 전쟁이라고 주장한다.

전쟁에서 승패를 가르는 기준은 전쟁을 일으킨 세력의 의도가 실현되었는가 아니면 좌절되었는가에 있다.

정부의 주장대로라면 공산화를 막아냈으니 한국이 승리했다고 볼 수 있다. 그런데 한국은 북한으로부터 승리한 날인 7월 27일이 아니라 기습 남침을 받았다는 6월 25일에 더 의미를 부여하며 기념하고 있다.

한국 정부는 정전협정이 체결된 이후인 1954년부터 '6.25의 날'로 기념식을 열었고, 1965년에는 시가행진도 했다. 그러다가 1973년 '각종 기념일 등에 관한 규정'에 따라 6월 25일을 '6.25사변일'이라는 이름으로 법정기념일로 지정했다. 2014년에는 이름을 '6.25전쟁일'로 바꿔 매년 행사를 진행하고 있다.

세계 대부분 나라는 자국이 전쟁에서 승리한 날을 기념한다. 소련은 제2차 세계대전 당시 독일을 무찌른 5월 9일을 '승리의 날'로 지정해 기념했고 러시아도 이를 계승하고 있지만 독일 침공이 시작된 6월 22일은 기념하지 않는다. 유럽의 많은 나라도 5월 8일을 제2차 세계대전 승전기념일로 기념하지만 전쟁 발발일을 기념하지 않는다. 프랑스는 11월 11일을 제1차 세계대전 휴전기념일로 정하여 기념하고 있다.

한국 정부의 주장대로 북한의 남침으로 전쟁이 시작됐고 3년의 전투 끝에 자유민주주의를 수호했다면 정전협정을 체결한 7월 27일을 기념해야 한다.

하지만 한국 정부가 7월 27일을 기념하기 시작한 것은 60년이나 지난 2013년이었다. 한국은 '참전유공자 예우 및 단체설립에 관한 법률'을 통해 이날을 기념하고 있다. 그런데 정전협정 체결 또는 전쟁 승리의 의미를 담은 기념일이 아니라 '유엔군 참전의 날'로 지정했다.

정부가 7월 27일을 '유엔군 참전의 날'로 정했다면 이날을 기점으로 유엔군이 한반도에 들어왔거나, 참전과 관련한 의미 있는 일이 있었을 것이다.

그런데 자료를 살펴보면 7월 27일은 유엔군 참전과 전혀 무관하다.

먼저 한국전쟁에 관한 정부의 주요 자료는 유엔군이 1950년 7월 5일 경기도 오산의 죽미령 고개에서 북한군과 첫 전투를 벌였다고 기록하고 있다. 미국의 스미스 특수임무부대가 이날 6시간 15분간 북한군과 전투를 했다가 패배한 것이 유엔군의 첫 전투라는 것이다. 경기도 오산시는 이 전투를 기념해 '유엔군 초전 기념관'을 운영하고 있다.[01]

이처럼 정부 기록에 따르면 한국 정부가 지정한 '유엔군 참전의 날'보다 앞서 유엔군은 한국전쟁에 참전하고 있었다.

그러면 7월 27일 유엔군 부대가 대규모로 한국에 들어온 것일까?

한국전쟁 발발 후 6월부터 7월까지 한반도에 전투부대를 파견한 나라와 날짜는 아래와 같다.

▲6월 27일 미국의 해·공군 ▲7월 1일 미 지상군 ▲7월 14일 네덜란드 해군 ▲7월 26일 캐나다 공군 ▲7월 28일 프랑스 해군 ▲7월 30일 캐나다 해군, 뉴질랜드 해군.[02]

7월 27일 유엔군의 참전과 관련한 기록은 없다.

그렇다면 7월 27일이 유엔군과 다른 연관성은 있을까?

유엔군이 만들어진 날은 1950년 7월 7일이었다. 유엔 안보리는 이 날 회의를 열고 통합사령부unified command, 유엔군을 만들기로 했다. 유엔 안보리는 7월 7일 안보리 결의 제84호에서 ▲병력 기타 원조를 제공하는 전 회원국은 병력 기타 원조를 미국 주도 하의 통합사령부에서 사용할 것 ▲미국이 통합사령관을 임명할 것 등을 결정했다. 그리고 이 결의에서 유엔군은 자국 국기와 유엔기를 사용할 수 있다고 적시했다.[03]

---

01 스미스 부대를 유엔군이라고 칭하는 것에 대해서는 반박 의견이 있는데 이와 관련해서는 뒤에서 살펴본다.

02 오산 죽미령 평화공원 누리집 '유엔군 참전일지' 항목. https://bit.ly/3FkeEfH, 2023.10.14. 최종 확인.

03 행정안전부 국가기록원, '6.25 전쟁과 유엔' 항목. https://bit.ly/3tASnHY, 2023.10.19. 최종 확인.

▲ 방송 연설을 하는 김일성 주석. (1950.6.26.)

즉 유엔군의 창설도 7월 27일과 무관하다.

그리고 한국 정부가 한국전쟁 당시에 작전지휘권을 유엔사로 넘긴 것은 7월 14일이다.

7월 27일은 유엔군이 참전한 날도 아니고, 유엔군이 만들어진 날도 아니다. 유엔군과 아무런 연관성이 없는 날이다. 그런데 왜 유엔군 참전의 날로 정했는지 의문이다.

여기에 한국 정부는 6월 25일을 떠들썩하게 기념하고 있다. 중앙 정부뿐만 아니라 지방자치단체에서도 기념행사를 하고 있다. 그런데 7월 27일 기념행사는 비교적 조용하게 넘어가고 있다.

한국전쟁과 관련한 한국 정부의 기념일은 이해하기 어렵다.

상식적으로 보면 7월 27일을 정전협정 기념일로 삼으면 되는데, 굳이 정전협정을 뺀 이유를 모르겠다. 그나마 2023년은 정부 행사를 '유엔군 참전의 날·정전협정 70주년 기념식'으로 진행해 행사 이름에 '정전협정'을 넣기는 했다.

반면 북한은 정전협정이 체결된 날인 7월 27일을 '전승절'이라 부르며 기념하고 있다.

북한은 미국과 이승만 정권의 침략으로 전쟁이 시작됐으며, 이들을 몰아내고 나라를 수호했다고 주장한다.

먼저 김일성 주석은 1950년 6월 26일 「모든 힘을 전쟁의 승리를 위하여」라는 제목의 방송 연설에서 한국군이 6월 25일에 38선 전역에 걸쳐 38선 이북 지역에 대한 전면적 진공을 개시했다고 짚었다. 그러면서 북한의 군대가 38선 이북 지역에서 한국군을 격퇴하고 38선 이남 지역 10~15킬로미터까지 전진하여 옹진, 연안, 개성, 백천 등을 해방했다고 밝혔다.

▲ 평양에서 열린 군중대회에서 연설을 하는 김일성 주석. (1953.7.28.)
▼ '조국해방전쟁 승리' 기념 열병식. (1953.8.15.)

또한 이승만 정권이 오랜 기간 전쟁을 준비했고 그 뒤에는 미국이 있다고 주장했다.

김일성 주석은 연설에서 "우리의 투쟁은 정의의 투쟁입니다. 승리는 반드시 우리 인민의 편에 있을 것입니다. 조국과 인민을 위한 우리의 정의의 투쟁은 반드시 승리하고야 말리라는 것을 나는 확신합니다"라고 강조했다.[04]

그리고 김일성 주석은 정전협정이 체결된 다음 날, 평양에서 열린 군중대회에서 "정전의 달성은 외래 제국주의 연합세력을 타승하고 미 제국주의, 이승만 매국 도당들을 반대하여 자유와 독립을 수호하는 우리 조국 인민이 3년간에 걸친 영웅적 투쟁의 결과"라고 말했다.[05]

'외래 제국주의 연합세력을 타승'했다는 김일성 주석의 말은 미국을 중심으로 한 유엔군을 '쳐서 이겼다'라는 의미이다.

그리고 북한은 정전협정 체결 20주년이 되던 1973년에 7월 27일을 '조국해방전쟁 승리기념일'로 정하고 매년 경축 행사를 하고 있다.

시종일관 북한은 '미국의 침략에 맞서 나라를 지켰다'는 관점으로 전쟁의 포성을 멈추게 한 날인 7월 27일에 의미를 부여하고 있다.

2절. 잊혀진 전쟁

미국은 가장 빨리, 가장 많은 병력을 한국전쟁에 투입한 나라다.

---

04 『김일성 저작집 6권』, 조선노동당출판사, 1980, 9~16쪽.
05 「김일성, 1953년 남한을 전쟁 당사자 인정」, 중앙일보, 2013.7.27.

미국은 전쟁의 발발 5시간 뒤인 6월 25일 오전 9시 30분에 전쟁 발발을 인지했다고 주장한다. 당시 주한미국 대사였던 존 무초는 미 국무부에 전쟁 발발을 보고했으며 미 국무부는 휴가 중이던 트루먼 대통령에게 보고했고, 트뤼그베 리 유엔 사무총장에게 한국전쟁 발발 사실을 통고했다고 한다.

미국은 6월 27일(미국시간) 두 번째 국가안전보장회의에서 38선 이남의 북한군에 대한 공격, 한국군 지원 등을 결정하고 더글러스 맥아더에게 이 내용을 훈령으로 전달했다. 이 결정으로 미국의 해·공군이 한국전에 참전하게 됐고, 트루먼 대통령은 전투병 파병을 승인했다. 미 공군은 6월 27일 곧바로 한반도에 폭격을 시작했다.

미국뿐만 아니라 유엔 안보리도 전쟁 발발 직후인 1950년 6월 25일과 27일 연거푸 회의를 열었다.

특히 6월 27일 유엔 안보리는 결의문 제83호를 통해 "무력 공격의 격퇴와 그 지역에서의 국제평화 및 안전의 회복을 위해 한국에 대해 필요한 원조를 할 것을 회원국에 권고"하여 회원국들의 한국전쟁 참전의 길을 열어놨다.

회의 후에 영국, 캐나다, 튀르키예, 호주, 필리핀, 태국, 네덜란드, 콜롬비아, 그리스, 뉴질랜드, 에티오피아, 벨기에, 프랑스, 남아프리카공화국, 룩셈부르크가 전투부대를 파견했다. 노르웨이, 덴마크, 스웨덴, 이탈리아, 인도는 의료지원을 했다.

또 유엔 안보리는 7월 7일 회의를 열어 미국 지휘 아래 유엔군이 군사작전을 펼칠 수 있도록 했고, 미국이 유엔군 사령관을 맡도록 했다.

미국은 한국전쟁 기간 유엔군 지상군의 50.3%, 해군의 85.9%, 공군

▲ 인천항으로 상륙하는 미군.

의 93.4%를 담당하면서 연 병력 178만 9천 명을 파병했다.[06]

한국전쟁 당시 미국의 군사력은 북한에 비해 월등했다.

한호석 통일학연구소 소장은 2022년 8월 1일 기고 글에서 군사력 차이를 아래와 같이 소개했다.

"1950년 당시 북한군의 육군 병력은 1만 2,200명밖에 되지 않았고, 미국 육군 병력은 63만 명이었다. 미국 육군은 1950년 한국전쟁 이후 6개월 동안 총 1,326대의 전차를 한반도 전선에 들이밀었는데, 북한이 보유한 탱크는 40대밖에 되지 않았다.

---

06 이대우, '한국전쟁과 미국', 행정안전부 국가기록원, 2017.12.26. https://bit.ly/48VWyhB, 2023.10.19. 최종 확인.

1950년 당시 미국 해군은 항공모함 31척과 전투함선 약 1,200척을 보유했고, 잠수함 32척을 한반도 전선에 출동시켰다. 그에 비해, 조선인민군 해군은 항공모함이나 잠수함을 생각하지 못했고, 소형 어뢰정과 소형 경비정 30척밖에 보유하지 못했다.

1950년 당시 미국 공군은 전투기 6종, 폭격기 2종, 정찰기 8종, 수송기 5종, 훈련기 1종을 실전에 배치했다. 맥아더 휘하에 있는 각종 작전기만 해도 1,172대나 되었다. 그에 비해 당시 조선인민군 공군이 보유한 작전기는 136대밖에 되지 않았다."[07]

또한 미국은 한국전쟁에서 핵무기를 제외한 당시 최신의 살상 무기를 총동원해 북한을 공격했다. 미 극동군은 폭탄 46만 톤, 네이팜탄 3만 2,357톤, 로켓탄 31만 3,600발, 연막 로켓탄 5만 5,797발, 기관총 1억 6,685만 3,100발을 한국전쟁에서 쏟아부었다.[08]

이처럼 대규모 병력과 최신의 무기를 한국전쟁에 투입했어도 미국은 전쟁에서 승리하지 못했다고 말한다.

정전협정에 서명한 클라크 유엔군 사령관은 1954년 출간한 회고록 『다뉴브강에서 압록강까지』 서문에서 "이것(휴전협정에 조인한 것)은 사상 처음으로 승리 없는 전쟁의 휴전협정에 조인한 미군 사령관을 탄생시킨 것"이라며 한국전쟁에서 승리하지 못했다고 적었다.

또한 한국전쟁 초기 미국 국방부 장관이었던 조지 마셜은 "신화는 깨지고 말았다. 우리는 남들이 생각했던 것처럼 그렇게 강대한 나라가

---

07 「개벽예감 502」 69년 뒤에 다시 읽는 7.27 명령서」, 자주시보, 2022.8.1.
08 「[곽봉호 칼럼] 아아 잊으랴 어찌 우리 이날을」, 서울투데이, 2023.6.24.

▲ 한국전쟁 기간 융단폭격을 하는 미군 폭격기들.

아니었다"라고 말했고, 오마 넬슨 브래들리 미국 초대 합참의장은 한국전쟁을 "잘못된 장소에서 잘못된 시간에 잘못된 적과 진행한 잘못된 전쟁"이라고 평가하기도 했다.

한국의 학계에서도 미국의 의도가 좌절됐다는 주장이 나온다.

장상환 경상대학교 명예교수는 "전쟁의 진행 과정에서 유엔의 결의에 따라 유엔군이 결합했지만 실질적 내용은 미국의 한반도 군사 침략이었고 이렇게 북한군 대 미군의 전쟁으로 전화됨으로써 민족해방전쟁의 성격을 띠게 되었다", "한국전쟁의 역사적 의의를 정리해보면 첫

▲ 미국 워싱턴주 올림피아에 있는 한국전쟁 기념비.

째, 한국전쟁은 미국의 의도가 좌절된 최초의 전쟁"이라고 주장했다.[09]

그래서일까. 미국 워싱턴주 올림피아에 있는 한국전쟁 기념비에는 '잊혀진 전쟁'이라는 문구가 새겨져 있다. 미국은 한국전쟁을 잊으려 하는 분위기다.

3절. 7.27을 기념하는 북한

클라크 사령관은 회고록에서 북한의 갱도전, 해안가의 참호 그리고

---

09 경상대학교 사회과학원 엮음, 『제국주의와 한국사회』, 한울아카데미, 2002, 162쪽.

산악지형 등으로 전투에서 어려움을 겪었다고 적었다. 또한 한국같이 산악지대가 많은 곳에서 전투에 이기려면 많은 해군과 공군의 지원이 필요한데 쉽지 않았다고 토로했다.

"북한 공산군의 진지를 분석해보면 일부 지역에서는 후방 25마일(약 40킬로미터)까지 지하 보루로 되어 있기까지 했고 이러한 진지는 한국 서해안에서 동해안까지 연결된 것이었다. 그 구조는 너무나 견고해서 공중 및 야포 공격에도 끄떡도 하지 않을 것 같았다. 게다가 그들은 사방으로 뚫린 방공 참호까지 구축했다. 그런 참호를 새로 구축한 고지들은 모두 우리로부터 점령한 고지들이다."

"우리가 상륙 작전을 감행할 가능성이 있다고 예상되는 전 해안선에 해안 방위선을 구축하고 병력까지 배치했다. …중략… 해안선의 방어 조직도 전선과 같이 지하 시설에 의존하고 있었다. 말하자면 그것 역시 매우 깊숙이 확대 연장되어 있었다."[10]

북한은 군사력에서 열세였으나, 한반도의 지형에 맞게 군사전략을 구사해 미국의 공격을 무력화한 것으로 보인다.

북한은 정규군을 창건한 지 2년밖에 안 된 상황에서 전쟁을 치렀음에도 세계 최강을 자처하는 미국을 이길 수 있었던 것이 김일성 주석의 군사적 '예지'와 전략, 전술, 전법이 있었기 때문이라고 주장한다.

첫째, 1950년 6월 25일 전쟁 발발 후 첫 시기부터 1953년 7월 27일 정전협정을 체결할 때까지 김일성 주석은 노동당 중앙위 위원장,

---

10 마크 클라크, 『다뉴브강에서 압록강끼지』, 국제문화출판공사, 1981, 165쪽.

▲ 1211고지에서 맹세문을 쓰는 북한군 병사.

조선민주주의인민공화국 내각 수상, 군사위 위원장, 조선인민군 최고사령관의 직책으로 3년간의 전쟁을 진두지휘하며 전략전술적 방침을 제시했다.

북한은 김일성 주석이 ▲전쟁 발발 직후 즉각적인 반공격전을 개시하고 나라 전체를 전시체제로 개편 ▲1950년 9월 중순부터 전략적 후퇴와 제2전선을 형성하며 유엔군을 배후에서 공격 ▲38선 인근에서 장기적인 대치 상태에 들어간 1951년 6월경부터 진지방어전, 갱도전으로 전환 등 다양한 전략적인 방침을 전쟁의 주요 시기마다 제시해 전쟁에서 승리했다고 주장한다.[11]

---

11 「미 제국주의를 타승한 위대한 전승의 력사는 영원할 것이다」, 조선중앙통신, 2012.7.25.

▲ 1211고지에서 휴식을 하는 북한군 병사.

예를 들어 김일성 주석은 1951년 9월 23일 제256부대 지휘관들과 한 담화「1211고지를 목숨으로 사수하자」에서 "오늘 우리 앞에 나선 선차적 임무는 전선을 공고히 하는 것입니다. 미제의 대규모적인 무력증강 책동에 의하여 조국해방전쟁이 장기성을 띠게 된 조건에서 완강한 진지 방어전을 하여야 합니다. 방어 진지들을 불패의 요새들로 만들려면 전선의 고지와 해안의 진지들을 철저히 갱도화하여야 합니다"라고 말했다.[12]

김일성 주석의 방침이 있었기에 유엔군의 대규모 공세에 맞서 북한군은 1211고지 전투에서 승리할 수 있었다는 것이 북한의 주장이다.

이 외에도 북한은 김일성 주석이 '비행기 사냥꾼조 운동', '탱크 사냥

---

12 『김일성 저작집 6권』, 조선노동당출판사, 1980, 457쪽.

▲ 수레를 옆으로 눕히고 바퀴를 이용해 대공 사격을 하는 북한군 병사.

꾼조 운동', '저격수조 활동' 등 한반도의 구체적 지형과 실정에 맞는 '새롭고 독창적인 전술'을 구사해 한국전쟁에서 승리를 이끌었다고 주장하고 있다.[13]

둘째, 북한은 김일성 주석이 북한군과 국민의 정신력을 끌어올려 전쟁 승리를 만들었다고 주장한다.

먼저 김일성 주석은 치열한 전투가 벌어지던 시기에 서울 등을 찾아 북한군을 격려했다.

1950년 8월 25일 김일성 주석이 각 군 지휘관에게 작전명령을 하달하면서 명령서 앞에 「서울에서」라는 기록을 첨부한 것으로 미뤄 적어

---

13 조선중앙통신, 앞의 기사.

▲ 충주에서 수안보로 가는 길목에 있는 '김일성 바위'. ⓒ 현장언론 민플러스

도 이날은 김일성 주석이 서울에 머무르고 있었음을 알 수 있다. 그리고 미8군 정보문서에도 정확한 날짜는 명기되지 않은 채 김일성 주석이 개전 직후 서울을 방문한 적이 있다고 나와 있다.[14]

또한 김일성 주석은 충청북도의 수안보와 전라남도의 광주를 방문해 북한군을 격려하고 간부들과 회의를 하기도 했다.

김일성 주석은 1950년 8월 수안보에 있는 북한군 전선사령부를 찾아 군인들을 격려했다고 한다. 김일성 주석은 8월 10일 서울에서 출발하여 그날 오후 8시경 수안보에 도착했다고 한다. 충주에서 수안보로 가는 길목에 '김일성 바위'라고 이름이 붙은 큰 바위가 있는데, 당시

---

14 「〈다시쓰는한국현대사〉32〈김일성명령서〉전쟁 중 김일성 행적」, 중앙일보, 1995.6.25.

김일성 주석이 지도를 펼쳐놓고 작전 지시를 내린 바위라고 한다.[15]

김일성 주석은 수안보에서 군인들을 격려하고 늦은 밤에 광주로 이동했다고 한다. 수안보 전선사령부의 지휘관들은 김일성 주석의 광주행을 강력하게 만류하였으나 김일성 주석은 뜻을 굽히지 않고 수행원 3명만을 동원한 채 광주로 출발했다고 한다.

김일성 주석은 대전, 전주를 들러 일꾼들을 만나고 1950년 8월 11일 아침 광주에 도착했으며 서남 해안방어부대 지휘부를 돌아보면서 당면한 군사작전 문제와 관련한 지시를 했다고 한다.[16]

다음으로, 김일성 주석은 북한 군인과 주민의 생활도 살폈다고 한다. 김일성 주석은 1211고지를 지키는 부대장에게 전화로 "고지에서 싸우는 전투원 한 사람 한 사람은 그 무엇과도 바꿀 수 없는 귀중한 보배들이며 혁명 전우들"이라며 "전투원들이 더운밥과 따끈한 국을 먹도록 해주고 잠자리도 춥지 않게 해주어야 한다"라고 당부했다고 한다.[17]

김일성 주석은 군인들의 건강을 걱정해 전선의 부대들에 콩을 보내주기도 했다. 전선 부대의 경우, 군인들에게 채소를 제대로 공급하지 못할 수도 있는데, 이렇게 되면 군인들이 비타민 결핍증에 걸릴 수 있다는 것이다. 김일성 주석은 지휘관들에게 콩을 보내줄 테니 콩나물을 키워 군인들에게 먹일 것을 당부했다고 한다.[18]

또한 군인들을 위한 전선 휴양소와 전반적 무상치료제를 전쟁 중에

---

15 「김일성 주석의 광주 방문 (상)」, 현장언론 민플러스, 2021.8.16.
16 「김일성 주석의 광주 방문 (중)」, 현장언론 민플러스, 2021.8.19.
17 조선중앙통신, 앞의 기사.
18 『김일성 저작집 6권』, 조선노동당출판사, 1980, 462쪽.

실시했으며 최고사령부에서 고아를 돌보며 키웠고, 서울에서 후퇴할 당시 서울시민의 땔나무까지 걱정했다고 한다.[19]

북한은 김일성 주석의 이런 활동이 군대와 국민의 사상의지력을 높이는 원동력으로 됐으며, 이 힘으로 한국전쟁에서 미국을 물리쳤다고 주장한다. 전 사회적으로 벌어진 전선 탄원 운동, 최고사령부를 끝까지 목숨을 바쳐 지키겠다는 의지, 미국과 사생결단하겠다는 각오로 나라를 지켰다는 것이다.[20]

클라크 사령관도 회고록에서 "한국전에서 공산 측의 지도력은 군사적인 것과 정치적인 것을 총망라하여 그것을 잘 융합시키는 데 성공하였다"라고 적어 북한의 주장과 비슷하다고 할 수 있다.

정전협정을 체결하고 북한은 평양에서 축포를 쏘며 전쟁 승리를 기념했고, 8월 15일에는 기념 열병식을 진행했다.

그리고 북한의 최고인민위원회 상임위는 7월 28일 김일성 주석에게 '조선민주주의인민공화국 영웅' 칭호를 수여했다.[21]

이로 봤을 때 북한은 3년간 한국전쟁에서 미국을 물리칠 수 있었던 가장 중요한 힘을 김일성 주석이 당과 군대, 국민을 잘 이끌었기 때문이라고 보는 것 같다.

북한은 해방된 지 5년, 정부 수립 2년 만에 세계 최강국인 미국과 전면전을 치렀다. 북한은 세계 최강국인 미국을 이겼다는 자부심으로 7월 27일을 기념하는 것으로 보인다.

---

19 조선중앙통신, 앞의 기사.
20 조선중앙통신, 앞의 기사.
21 리영환 외, 『조선통사 하』, 사회과학출판사, 2016, 231쪽.

▲ 판문점을 방문해 장병들을 격려하는 김정일 국방위원장. (1996.11.)

3장. 정전협정 파괴의 역사

1절. 이승만의 북진통일론과 출발부터 기능을 상실한 정전협정

어렵게 정전협정이 체결되었지만 정전협정은 시작부터 제대로 기능을 하지 못했다. 실제 본문 63개 항 중 대부분은 1950년대를 거치며 효력이 정지되었고, 제대로 이행된 것이 없다.

정전협정 위반과 관련해서는 정전협정에 의해 설립된 군사정전위가 협의 처리하게 되어 있으며, 유엔사와 북한군은 정전협정 이후 매월 판문점에서 정전협정 위반현황 통계를 상호 통보하고 교환하여 왔다.[01]

유엔사 측 집계에 따르면 1953년부터 1991년까지 북한의 위반 건

---

01 1991년 3월 유엔사 군사정전위 수석대표가 한국군 장성으로 임명되자 이에 항의해 북한 측은 군사정전위 본회의에 불참했고 1994년 5월부터는 위반통계 교환을 중단했다.

수는 총 414,731건이다. 반면 1953년부터 1993년까지 남측이 정전협정을 위반했다고 북한이 집계한 건수는 총 812,999건이다.

북한은 정전협정을 체결한 이틀 후인 1953년 7월 29일에 남측이 상대에게 사격을 금지한 정전협정 조항을 위반했다고 주장하기도 했다.[02] 정전협정이 체결된 해인 1953년에만도 북한은 유엔사 측이 정전협정을 152건 위반했다고 주장했고, 유엔사 측은 북한 측이 39건 위반했다고 제기했다.

이러한 수치들은 상호 검증된 수치는 아니고, 상대측이 부인하는 경우들이 대부분이지만 적어도 정전협정이 체결된 그 순간부터 수많은 위반사례가 존재했다는 것을 알 수 있다.

사태가 이렇게 된 데에는 여러 요인이 있겠지만 애당초 정전협정을 지킬 의지가 없었던 이승만 정권의 입장도 크게 작용했다.

앞선 글에서 살펴보았듯이 이승만 대통령은 '정전'이 달갑지 않았다. 이 대통령은 한미상호방위조약을 체결하여 미군을 붙잡아두고자 했다.

이 대통령이 꺼내든 카드는 한국군의 단독 북진이었다. 정전협정이 체결되기 3일 전이었던 1953년 7월 24일 이 대통령은 존 덜레스 미 국무부 장관에게 "현재로서 약속(정치회담 결렬 시 미군의 북진 - 필자)할 수 없는 입장이라면, 한국에서 침략자를 몰아내기 위한 한국 스스로의 군사적 노력에 대해 미국이 도덕적·물질적 지원과 일반적 경제 원조를 제공할 것으로 기대해도 되겠습니까?"라는 편지를 보내는 등

---

02 김재한, 「한반도 정전 60년, 실패한 정전협정 혹은 성공한 정전체제?」, 『국제문제연구』 2013년 여름호, 2013.

▲ 비무장지대 철조망. ⓒ PARK JONGWOO

미국을 압박했다.[03]

결국 정전협정이 체결된 지 일주일만인 8월 3일부터 한국과 미국은 한미상호방위조약 체결을 위한 협상에 들어가 8월 8일 최종안을 서울에서 가조인했고 10월 1일 공식 체결하게 된다.

이 한미상호방위조약에는 "미합중국의 육군, 해군, 공군을 대한민국의 영토 내와 그 부근에 배비하는 권리를 대한민국은 이를 허여하고 미합중국은 이를 수락한다"라는 내용을 포함하고 있었다. 이는 한국에 미군을 무기한, 무제한 주둔시키는 내용으로 정전협정 60항에 명시된 '모든 외국 군대의 철수'를 정면으로 위반하는 것이다.

---

03 「90일의 비밀…정전협정이 불완전할 수밖에 없었던 이유」, 중앙일보, 2022.8.4.

나아가 이승만의 정전협정 몽니 속에 한국은 정전협정 서명에 참여하지 않았다. 이는 한국이 정전협정 이행을 위한 의무를 다하지 않을 수 있다는 여지를 남기는 것이기도 했다. 관련해서 유엔사 연구를 해오고 있는 이시우 사진작가는 "한국의 헌법-법률-명령체계 어디에도 정전협정의 준수를 법령화, 제도화하고 있지 않다. 한국이 정전협정의 이행에 협조할 수는 있다. 그러나 이러한 협조는 어떠한 법적 의무도 발생시키지 않는다"라고 평가하고 있다.[04]

물론 한반도를 대공산권 군사기지로 활용하려 했던 미국 역시 정전협정 준수와 평화체제로의 이행에 아무런 관심이 없었다.

2절. 전쟁 재발 감시의 무력화 및 미국의 핵무기 배치

전쟁이 끝난 후 불과 몇 년 지나지 않은 1950년대 중반에 이미 전쟁 재발을 막기 위한 가장 중요한 조치로 합의되었던 중립국 감독위의 기능은 정지되고, 새로운 무기 도입을 제한한 조항들도 미국의 일방적 무효선언으로 사문화했다.[05]

중립국 감독위는 외부에서 한반도로 무기가 반입되는 것을 감시하는 역할을 했으며 스웨덴, 스위스, 폴란드, 체코슬로바키아 대표로 구성되었다. 위원회 아래 감시소조를 통해 남북한의 10개 항구를 감시했다.

---

04 「"유엔사"의 의심스러운 정전협정해석」, 통일뉴스, 2023.1.30.
05 김보영, 「위기의 한반도, 평화의 길을 묻다 - 정전협정의 쟁점과 그 유산」, 『역사비평』 2013년 가을호, 2013.

▲ 중립국 감독위원회_{NNSC} 사무실.

    미국은 중립국 감독위의 활동에 대해 정전협정이 조인된 직후부터 회의적인 견해를 보였다. 폴란드와 체코슬로바키아가 소련의 위성국이라 미국의 활동에 방해가 된다는 것이다. 스웨덴과 스위스 역시 중국과 소련과 외교관계를 맺고 있었으며, 미국의 입맛에 맞게만 움직이지 않았다.[06]

    미국은 1955년 대한정책문서 NSC 5514에서 중립국 감독위원회 정책을 "공산주의자들이 정전협정을 초기부터 위반하고 있다는 사실을 광범위하게 유포한다"라고 정리했다. 이는 중립국 감독위의 활동을 정지시키기 위한 명분을 만드는 것이었다.

---

06 박태균, 「1950년대 미국의 정전협정 일부조항 무효선언과 그 의미」, 『역사비평』, 통권 63호, 2003. ※이하 중립국 감독위와 관련해서는 별도의 인용이 없는 한 이 논문을 참조함.

당시 유엔군 측이 추천한 스웨덴, 스위스는 자발적으로 위원단에서 이탈하는 것에 대해서 부정적이었다.[07] 이러한 상황에서 미국은 중립국 감독위원회의 폐지보다는 공동경비구역을 비롯한 중립지역에만 국한해 활동하는 것을 추진했다. 물론 이는 중립국 감독위원회 활동의 무력화와 같은 것이었다.

결국 미국은 1956년 5월 31일 군사정전위 제70차 회의에서 남한에서 활동하는 중립국 감시활동을 중지시키겠다고 선언했고, 미8군 사령관 화이트 장군은 1956년 6월 9일 항공기로 부산, 군산, 인천의 중립국 감독위원회 21명을 비무장지대로 수송했다고 발표했다.[08]

이로써 전쟁 재발을 막기 위한 실질적 조치로서 마련된 중립국 감독위의 감시활동은 종결되었다. 이는 미국이 어떠한 간섭도 없이 한반도에 군사력을 증강할 수 있게 되었다는 것을 의미했다.

이후 미국은 한반도에 무기를 본격적으로 배치하기 시작한다.

물론 중립국 감독위가 힘을 쓰지 못하게 하기 전에도 미국은 무기 반입을 했다. 정전협정이 체결된 지 4일 만인 1953년 7월 31일 미국이 부산 출입항을 통해 106문의 포와 수십만 발의 각종 총포탄을 반입하려다 중립국 감독위에 적발되기도 했다. 정전협정 체결 후 9개월 동안 미국이 반입하다 적발된 무기만 해도 비행기 177대, 대포 465문, 로켓 6,400기, 기관총 1,365정에 달했다.[09]

---

07 양준석, 「6.25전쟁 이후 한국의 동유럽 인식: 중립국감시위원단을 중심으로」, 『동유럽발칸연구』 제43권 2호, 2019.
08 양준석, 앞의 글.
09 「[아침햇살31] 친미의존안보 혁파하고 통일안보로 가야 한다1」, 자주시보, 2021.3.2.

▲ 안양 박달동 주한미군 전술핵무기 보관 시설. (1968~1969.) ⓒ 닐 미샬로프

중립국 감독위 활동 무력화 이후 미국의 무기 반입은 더욱 노골적으로 진행되었고, 1957년 6월 21일 군사정전위 제75차 회의에서 정전협정 13항 ㄹ목을 이행하지 않겠다고 공식 선언했다.

13항 ㄹ목은 "한반도 경외로부터 증원하는 작전비행기, 장갑차량, 무기 및 탄약을 들여오는 것을 정지한다"라는 내용을 담고 있다. 이를 이행하지 않겠다는 것은 무기를 반입하겠다는 것이다.

1958년에는 미군을 통해 핵무기가 한반도에 공식적으로 들어왔다. 그 전에 미 행정부 내부와 한미는 비밀리에 핵탄두 탑재가 가능한 280밀리미터포와 어네스트 존 로켓의 한국 배치를 논의해 왔다. 1958년 1월 29일 자 조간에 처음으로 「한국에 원자무기축 도입-눈송이 작전 시 280미리포 사용」이라는 기사가 발표되었고, 1958년 2월 3일 주한미군 제1군단에서 원자포와 어네스트 존 로켓을 공개했다. 5월 1일에

▲ 어네스트 존 로켓. ⓒ Debets, Marco J. (AVDKM)

는 중부 전선에서 어네스트 존 로켓과 원자포를 시범 발사했다.[10]

그 이후 주한미군이 최소 1백여 개에서 최고 1천여 개에 달하는 핵무기를 한국에 도입했으며 핵무기 종류는 전술 핵무기와 중성자탄, 전략 핵무기와 전역 핵무기(폭발 위력을 줄이고 크기도 작게 한 핵무기) 등으로 보도되었다.[11]

미국은 이러한 조치의 원인을 북한의 정전협정 위반 때문이라고 주장해 왔다. 하지만 박태균 교수는 "중국군이 1958년 북에서 철수했다

---

10 박태균, 『우방과 제국, 한미관계의 두 신화』, 창비, 2006, 145쪽.
11 「광주 미국 공군기지가 핵무기 저장소라서 카터 유혈진압 결정?」, 미디어오늘, 2023.6.24.

는 사실을 고려한다면, 당시의 군사적 상황은 유엔군 측에 그렇게 급박하지 않았을 것이다. 이는 유엔군 사령관이 1955년 4월 제245차 국가안전보장회의에 참여하여 대통령에게 행한 보고를 보면 잘 나타난다. 그는 북중연합군 측 병력이 상당히 감축되고 있으며, 공격적이라기보다 방어적인 형태를 취하고 있다고 보고했다. 결국 정전협정 일부 조항의 효력 정지는 1950년대 미국의 대한정책에서 그 직접적인 배경을 찾을 수 있다"라고 분석했다.

 유엔군 사령관으로 이 협정에 조인한 미국 육군대장 클라크는 조인을 마치고 집으로 돌아와 자신이 미국 역사상 최초로 전쟁을 승리로 끝맺지 못하고 정전협정에 조인한 불명예스러운 군인이 되었다고 펑펑 울었다는 일화가 전해진다.[12]

 당시 세계에서 가장 조그만 나라들 가운데 하나인 북한과 막 태생한 중국을 상대로 초강대국 미국이 16개국의 유엔 회원국의 지원을 받으면서도 군사적 승리를 하지 못했으니 클라크가 느낀 굴욕감은 이해할 만하다. 이런 굴욕감을 겪은 미국이 대공산권 전초기지인 한반도에서 순순히 물러설 수는 없었을 것이다.

3절. 무산된 평화체제 수립의 꿈

 정전협정은 "최후적인 평화적 해결이 달성될 때까지 한국에서의 적대행위와 일체 무장행동의 완전한 정지를 보장하는 정전을 확립할 목

---

12 「정전협정의 '저주받은 유산'」, 한겨레21, 2002.7.10.

적"으로 체결되었다.

따라서 정전협정은 '최후적인 평화적 해결'로 연결되어야 한다. 하지만 정전협정에는 군사적으로 전투를 어떻게 중단할 것인가만 담겨 있고, 한반도에 단일정부를 세워 통일을 실현하는 문제 등 평화적 해결 방안 실행에 대해서는 담기지 않았다.

다만 마지막 조항에서 이 문제를 해결할 실마리를 제공하고 있다. 정전협정 제60조는 "한국 문제의 평화적 해결을 보장하기 위하여 쌍방 군사사령관은 쌍방의 관계 각국 정부에 정전협정이 조인되고 효력을 발생한 후 3개월 내에 각기 대표를 파견하여 쌍방의 한 급 높은 정치회의를 소집"한다고 명시했다. 이 부분은 한반도의 미래를 결정하는 가장 중요한 조항이라 할 수 있다.

이 조항에 따라 1954년 4월 26일부터 6월 15일까지 스위스 제네바에서 한반도의 통일문제를 다루는 정치회담이 열렸다. 90일이 아니라 거의 9개월이 지나서야 정치회담이 개최된 것이다.

이 회담에는 미국, 소련, 영국, 프랑스와 연합군으로 참전했던 16개국 중 15개국, 중국과 북한이 참가했으며 남측에서는 변영태 외무장관, 북한에서는 남일 외무상이 각각 참석했다. 하지만 회담은 합의를 보지 못하고 결렬되고 만다.

가장 쟁점이 된 부분은 유엔의 권위 인정 여부와 외국 군대 철수 문제였다. 통일방안에 있어서는 유엔 감시하의 남북한 총선거(미국 등 연합군 측 주장)와 외부 간섭 없는 혹은 중립국 감독위에 의한 남북한 총선거(북한, 중국 측 주장) 주장이 대립했다.

결국 가장 첨예한 쟁점은 유엔의 권위 인정 문제라 할 수 있다. 중국 대표 저우언라이는 5월 22일 중립국 감독위원단에 의한 남북한 총선거 감시를 제의하면서 한반도에서 유엔의 역할은 불법적인 것이라 주장했다. 북한 대표 남일도 유엔은 완전히 미국의 지배하에 있으며 유엔은 한국의 교전국의 일방이기 때문에 한반도 문제에 있어서 공정한 역할을 수행하기는 불가능하다고 주장했다.[13]

북한과 중국의 입장에서 보면 전쟁을 유엔 연합군과 치른 것인데 전쟁의 상대방이 관리하는 선거를 받아들이기는 힘들었을 것으로 보인다. 결국 미국은 서둘러 정치회담을 마무리 지었고, 회담은 아무런 성과 없이 끝났다. 그리고 이후 더 이상 정치회담은 열리지 않고 있다.

4절. 군사정전위 무력화 및 북한의 정전협정 무효화

정전협정이 실질적인 기능을 하지 못하는 속에서 1994년 북한은 군사정전위에서 대표를 철수시킨다.

이 문제는 1991년부터 시작되었다. 군사정전위는 10명으로 구성되는데 그중 5명은 유엔군 사령관이, 나머지 5명은 북한군 최고사령관과 중국인민지원군 사령관이 임명한다.

1991년 3월 미군이 맡아온 유엔사 군사정전위 수석대표에 한국군의 황원탁 소장이 임명되었다. 이에 대해 북한은 강력히 반발했다. 한국군의 작전통제권이 유엔군 사령관에게 있고, 한국군 책임자가 정전협정에 서명을 하지 않았기 때문에 정전협정 위반 문제 등을 한국군과

---

13 김보영, 앞의 글, 193~203쪽.

▲ 1990년 제458차 군사정전위원회 회의. (1990.10.12.)

논의할 수 없다는 것이었다.[14]

이로써 형식적으로라도 남아있던, 정전협정 위반 사항을 다루는 최고위 기구인 군사정전위는 그 기능을 상실하게 된다. 이후 북한은 '북한군 판문점대표부'를 새로 설치했고, 이후 장성급 회담이 군사정전위의 역할을 대신하고 있다.

급기야 20년 가까이 지난 2013년 북한은 정전협정의 백지화를 선언했다.

북한은 2013년 3월 5일 조선인민군 최고사령부 대변인 성명을 통해 "이번 전쟁 연습이 본격적인 단계로 넘어가는 3월 11일 그 시각부터

---

14 박태균, 「작동하지 않는 정전협정, 그리고 천안함」, 『역사와 현실』 제76호, 2010.

형식적으로 유지해오던 조선정전협정의 효력을 완전히 전면 백지화해 버릴 것"이라고 밝혔다.

이는 당시 두 달 동안 계속되는 한미연합훈련, 특히 3월 11일 시작되는 키리졸브 훈련에 대한 강력한 항의의 일환이었다. 2013년 2월 북한의 3차 핵실험에 대한 유엔 대북 제재 역시 북한의 정전협정 무효화 선언의 원인이었다.

물론 과거에도 북한은 한미연합훈련, 한국의 무기 수입, 미국의 전력 증강 등을 계기로 정전협정의 무효화를 선언해 왔다. 하지만 대부분 판문점대표부 대변인 담화를 통한 것이었는데, 2013년의 경우는 북한군 최고사령부가 직접 입장을 발표했다.

실제 성명 발표 후 6일이 지난 3월 11일 시점부터는 선언이 적용되었고 정전 상대방에 대한 '통고'가 실행되었다.

일방이 선언한다고 정전협정이 무효가 되는 것은 아니라는 논쟁이 있지만, 1907년의 육전법규(육상의 전투에 관한 국제법의 일반적 규약)와 관습에 관한 헤이그협약 제40조에 의하면 일방의 정전협정에 대한 중대한 위반이 있을 경우 타방은 협정폐기의 권리를 가진다. 조선법률가위원회는 2013년 정전협정 폐기선언에 대해 이를 근거로 제시한 바 있다.[15]

실제 앞서 살펴본 대로 미국이 정전협정 13항 ㄹ목을 이행하지 않겠다고 공식 선언하는 등 정전협정을 중대하게 위반해 온 것도 부정할 수 없는 사실이다.

---

15 통일뉴스, 앞의 기사.

▲ 한미연합훈련에는 보통 미국의 전략무기를 동원한 핵전쟁 연습이 들어간다.

 한미연합훈련 역시 상대방에 대한 일체 적대행위를 완전히 정지할 것을 규정한 정전협정을 위반한 것으로 볼 수 있다.
 한미연합훈련이 정전협정 위반이라는 주장과 관련해서 한국과 미국은 한미연합훈련이 의례적인 방어훈련이라고 주장한다.
 하지만 지난 2016년 중립국 감독위 우르스 게르브르 소장은 한미가 함께하는 군사 훈련이 '방어적 훈련'이라고 평가하냐는 기자의 질문에 "항상 그런 것은 아니다"라며 "(방어적 훈련이라는) 결론을 내리기에 충분한 증거가 없다고 할 때도 있다"라고 말한 바 있다.[16] 이처럼 한미

---

16 「중립국 감독위 "한미 연합 군사훈련, 항상 방어 훈련이라고 결론 내릴 수 없어"」, 머니투데이, 2016.6.9.

연합훈련의 성격을 단순한 방어훈련으로 평가하기는 힘들다.

애당초 정전협정의 목적은 평화협정으로 가기 위한 과도적 협정이었다. 하지만 정전협정은 그 시작부터 제 기능을 발휘하지 못했고, 결국 한반도 분단구조가 고착되었다.

정전협정을 대체할 새로운 협정, 평화체제를 만들어 갈 새로운 협정이 절실하다.

▲ 싱가포르에서 열린 사상 첫 북미정상회담에서 김정은 국무위원장과 도널드 트럼프 대통령은 한반도 평화체제 건설을 합의했다. (2018.6.12.)

4장. 평화협정을 누가 가로막았나

1절. 평화가 아닌 전쟁 상태 유지 강조한 미국

정전협정 체결 70년이 지난 지금도 한반도는 여전히 전쟁 상태다. 지난 1953년 7월 27일 정전협정 체결로 전쟁은 멈췄지만 언제라도 전쟁이 터질 수 있는 일촉즉발 상황이 계속되고 있는 것이다.

통일부는 2021년에 펴낸 『한반도 평화 이해』에서 한반도는 "아직도 여전히 미완의 평화 지대로 존속하고 있다"라면서 "전쟁 위험이 여전히 존재하는 분단된 한반도를 조망할 때 평화의 중요성은 더욱 커진다고 할 수 있다"라고 짚었다.

이와 관련해 "한반도 평화와 관련한 문제는 '군사 문제', 즉 한반도에서 군사적 무력 충돌과 전쟁의 억제를 의미할 뿐만 아니라, '민족 문제' 차원에서 민족 분단으로 인해 발생하는 구조적 한계를 극복해가는

과제를 의미"한다는 분석이 있다.[01]

김강녕 조화정치연구원장 역시 평화의 의미를 한국과 북한이 분단 상태를 극복해 하나로 통일된 민족 공동체를 실현하는 과정으로 규정해야 한다는 견해를 밝혔다.[02]

이처럼 한반도의 평화를 위해서는 본질적으로 분단 문제를 해결해야 한다. 이렇게 보면 통일을 방해하는 미국은 한반도의 평화를 방해하는 주범이라 할 수 있다. 이는 미국이 평화협정 체결을 거부하는 점을 통해서도 알 수 있다.

정욱식 한겨레평화연구소 소장은 "(지금까지) 정전협정을 평화협정으로 전환하기 위한 협상이 한 차례도 열리지 않았다"라면서 "북한은 기회가 있을 때마다 정전협정을 평화협정으로 전환하기 위한 협상을 제안했지만, 한미는 이에 묵묵부답이었거나 매우 소극적이었다"라고 짚었다.[03]

정전협정은 전쟁을 치르던 국가 간 전쟁을 일시 중단, 평화협정은 전쟁을 치르던 국가 간 전쟁을 완전히 종료시킨다는 점에서 결정적인 차이가 있다.

지난 1953년 7월 27일 북한, 중국, 미국은 한국전쟁 발발 3년여 만에 판문점에서 정전협정문에 서명했다. 정전협정은 전쟁이 멈춘 상태이기 때문에 언제든 군사 충돌이 발생할 위험성이 있다. 정전협정 체

---

01 박순성, 「한반도 평화를 위한 실천 구상: 정전체제, 분단체제, 평화체제」, 『사회과학연구』 25권 1호, 동국대학교 사회과학연구원, 2018, 30쪽.
02 김강녕, 「정전체제의 평화체제로의 전환: 과제와 전망」, 『통일전략』 3권 2호, 한국통일전략학회, 2003, 133쪽.
03 정욱식, 「[정욱식 칼럼] 정전 70년, 평화협정 협상의 원년으로」, 한겨레, 2023.1.2.

결 이후에도 한반도의 휴전선-비무장지대, 북방한계선 인근에서 70여 년 동안 계속되는 군사 충돌이 대표 사례다.

반면 평화협정은 전쟁을 치른 국가 간 전쟁을 완전히 끝내고 전후처리를 어떻게 할지 결정하는 협정이다. 정전협정을 대체하는 평화협정이 체결되면 한반도에서 70년 넘게 민족끼리 총부리를 겨누며 대치하는 상황이 끝나게 된다.[04]

지난 2018년 남북·북미정상회담이 열리면서 한반도의 정전체제를 평화체제로 전환하고 평화협정이 체결될 수 있으리라는 기대감이 높았지만, 미국이 어깃장을 놓으면서 끝내 불발됐다.

2절. 남북 평화협정 체결 요구한 북한

북한, 중국, 미국이 체결한 정전협정은 전쟁을 끝내지 않은 불완전한 협정이었다는 점에서 한계가 뚜렷했다. 이 때문에 정전협정 체결 뒤 북한과 미국을 비롯한 국제사회는 한자리에 모여 한반도의 전쟁을 끝내기 위한 논의를 진행했다.

1954년 4월 26일부터 6월 15일까지 열린 제네바회담에서 한국, 북한, 미국, 중국, 소련 등 국제사회 19개국을 중심으로 한반도의 평화, 통일에 관한 논의가 오갔다.

제네바회담에서 가장 쟁점이 된 것은 유엔의 권위 인정 여부와 외국 군대 철수 문제였다.

---

04 「정전·휴전·종전의 차이점?」, 대한민국 정책브리핑, KTV, 2018.9.20.

▲ 제네바회담 장면. 이 때는 이미 한반도 관련 논의가 결렬된 후 인도차이나 문제를 논의하고 있었다. (1954.7.21.)

중국 측 대표인 저우언라이 총리는 1954년 5월 22일 한반도에서 유엔의 역할은 불법이라고 주장했다. 북한 측 대표인 남일 외무상도 유엔이 미국의 완전한 지배하에 있으며 한국의 편을 든 교전국의 일방이므로 한반도 문제에서 공정한 역할을 하기는 어렵다고 주장했다.

제네바회담 당시 북한과 중국뿐만 아니라, 유엔군 측인 뉴질랜드 등 영연방 국가들도 한반도에 있는 외국 군대를 동시에 철수해야 한다고 주장했다. 하지만 미국의 존 포스터 덜레스 국무부 장관은 중국인민지원군을 우선 철수시키고, 미국이 주도하는 유엔군이 평양에 주둔해야

한다면서 논의를 결렬시켰다. 이는 북한이 도저히 받을 수 없는 주장이었다.[05]

제네바회담 중 한반도 문제 논의 마지막 날인 1954년 6월 15일 남일 외무상은 우선 평화유지에 관한 합의라도 봐야 한다며 '냉전의 공고화와 정전상태로부터 공고한 평화에로의 점진적 이행'을 보장하기 위한 6개 항을 제안했다.[06]

6개 항에는 외국 군대의 철수, 남북 병력 10만 이하 감축, 남북 정부 대표로 평화협정 체결을 위한 위원회 구성 등의 제안이 담겼는데 이는 '한반도 최초의 평화정착 방안'으로 평가된다.[07]

북한은 한반도의 전쟁 상태를 끝낼 해법으로 한국을 향해 남북 간 평화협정 체결을 강조했다. 그러면서 선제적으로 북한에 주둔하는 중국인민지원군 철수를 주도했다.

제네바회담이 끝난 뒤 북한은 1955~1958년 동안 중국인민지원군을 단계적으로 철수시켰다. 이종석 전 통일부 장관은 김일성 주석이 적극 나서서 중국인민지원군의 철수를 주도했으며, 중국인민지원군의 철수를 계기로 북한이 중국과 거의 정치적으로 대등한 동맹관계를 추구하게 되었다고 짚었다.[08]

중국인민지원군이 북한에서 철수한 뒤, 김일성 주석은 1962년 10월

---

05 김연철, 『70년의 대화: 새로 읽는 남북관계사』, 창비, 2018, 49~52쪽.
06 임수호, 「한반도 평화체제 논의의 역사적 경험과 쟁점」, 『한국정치연구』 제18집 제2호, 서울대학교 한국정치연구소, 2009, 55쪽.
07 김연철, 앞의 책, 54쪽.
08 이종석, 「북한 주둔 중국인민지원군 철수에 관한 연구」, 『세종정책연구』 2014-19, 세종연구소, 2014, 37쪽.

23일 최고인민회의 제3기 제1차 회의 연설에서 "미국 군대를 철거시키고 북남이 서로 상대방을 공격하지 않을 데 대한 평화협정을 체결하며 북남조선[남북한]의 군대를 각각 10만 또는 그 이하로 축소"하자면서 남북 평화협정 체결을 한국에 제안했다. 김일성 주석은 1972년 1월에는 일본 요미우리신문과 대담을 통해 '정전협정을 대체할 남북 평화협정' 체결을 국제사회에 공론화했다.

이처럼 북한은 1955년 8월 14일부터 1973년 4월 5일까지, 무려 130여 차례나 남북 군축과 주한미군 철수를 담보하는 평화협정을 체결하자고 한국에 제안했다.[09]

반면 한국은 평화협정 체결을 반대했다. 정전협정을 반대한 이승만 정권은 휴전을 끝내고, 한국·미국·대만군이 힘을 모아 북한과 중국을 공격하자며 북진통일론을 강조했다. 박정희 정권은 평화협정이 체결되면 반공을 바탕으로 한 독재의 기반이 무너질 수 있다는 우려가 강했고, 이에 따라 반북 공세를 강화했다. 북한과 대결을 강조한 이승만과 박정희에게 남북 평화협정 체결은 관심 밖이었다.

이에 미국은 이승만, 박정희 정권을 압박하며 남북 간 충돌 수위를 조절하려 했다. 미국은 남북 간 평화협정 체결을 바라지 않았지만, 북한과 전면전이 발발해 한반도에 또다시 군사를 들이게 될 상황 역시 꺼렸기 때문이다.[10]

---

09 임수호, 앞의 글.
10 김연철, 앞의 책.

▲ 유엔 총회 제1위원회(정치·안보)는 한반도 문제에 대한 심의를 시작했다. 리종목 외무성 부상이 이끄는 북한 대표단(가운데, 뒷줄)이 보인다. (1975.10.21.) ⓒ UN

3절. 북미 평화협정 체결 요구한 북한

남북 간 평화협정 체결이 가로막히자 북한은 미국과 직접 담판에 나섰다. 북한은 정전협정의 '실질적 당사자'인 미국을 향해 북미 평화협정을 체결하자고 촉구했다.

1975년 10월 24일, 제30차 유엔총회에 참석한 북한 측 리종목 대표는 평화협정 체결 문제에 관해 "미국과 해결할 문제가 따로 있고 남조선[한국]과 해결할 문제가 따로 있다"라면서 평화협정은 정전협정의 '실질적 당사자'인 북한과 미국이 체결해야 할 문제라고 주장했다. 그러면서 "미군이 철수한 다음 조선[한반도]에서 공고한 평화를 달성하는 문제는 미국이 간섭할 문제가 아니라 우리와 남조선 사이에 해결할

문제"라고 강조했다.[11]

북한은 중국, 소련 등과 함께 제30차 유엔총회에서 정전협정을 대체하는 북미 평화협정 체결을 주장했다. 그 내용은 한반도 문제에 관한 유엔의 모든 권한 박탈, 유엔사 해체, 주한미군 철수 등이었다. 유엔 무대에서 평화협정 체결 문제가 제기된 건 이 때가 처음이었다.[12]

반면 미국은 남·북·미 3자회담, 4자회담(한국, 북한, 미국, 중국)을 제안하는 등 북한과의 양자 대화를 거부했다. 4자회담 의제와 관련해 한미 양국은 남북 간 긴장 완화나 신뢰 구축 문제부터 먼저 논의하고 합의가 어려운 평화협정이나 주한미군 문제 등은 천천히 논의하자며 시간을 끌었다.

북한은 근본 문제인 평화협정과 주한미군 문제 등이 아니라 남북 군사당국자 직통전화 운영 등 긴장 완화 문제를 논의하자는 건 문제 해결을 피하려는 것이라고 강조했다.[13]

평화협정을 거부한 미국은 1990년대 들어서도 한미연합훈련, 전략 무기 전개 등으로 북한을 자극해왔다. 이런 상황에서도 북한은 미국을 향해 꾸준히 평화협정 체결을 촉구했다.

북한은 1994년 4월 28일 노동신문을 통해 발표한 외교부 성명에서 미국이 한반도에 패트리어트 미사일을 도입하면서 기능하지 않는 정전협정의 비정상 상태가 사실로 드러났다고 지적했다. 그러면서 "정전

---

11 임수호, 앞의 글.

12 임수호, 앞의 글.

13 박영호, 「4자회담의 전개과정과 평가」, 『한반도 평화전략 연구총서』 2000-33, 통일연구원, 2000, 153~154쪽.

협정을 평화협정으로 바꾸고 현 정전기구를 대신하는 평화보장체계를 수립할 것"을 촉구했다.

북한의 구상은 1996년 2월 노동신문을 통해 발표한 외교부 대변인 성명에서 구체적으로 제시됐다. 북미 간 평화협정 체결에 앞서 잠정협정을 체결하고 이행을 검증하기 위한 북미공동군사기구를 설치하자는 것이 북한의 제안이었다.

그러던 중 1998년 8월 말, 북한은 인공위성 광명성-1호를 발사했다. 북한은 주권국가가 가진 정당한 권리로 인공위성을 발사했다고 밝혔지만, 미국은 인공위성 발사 로켓을 사거리가 2,500킬로미터로 알려진 이른바 대포동-1호로 부르며 경계했다.

당시 미국은 북한이 이른바 '고난의 행군'이라는 전대미문의 국가 재난에 빠져 곧 붕괴하리라 기대했다. 그런데 거꾸로 북한이 선진국의 상징이던 인공위성 발사를 자력으로 해낸 것을 보며 자신들의 예상이 틀렸음을 깨달았다.

그래서 미국의 빌 클린턴 정부는 대북 정책을 원점에서 검토했다. 클린턴 대통령은 국방부 장관을 지낸 윌리엄 페리를 대북 정책 특별조정관으로 임명해 대북 정책의 재검토를 맡겼다.

이후 페리는 1999년 5월 평양을 방문했고 방북 결과와 북한 측과 한 논의를 담은 보고서를 1999년 10월 클린턴 대통령에게 제출했다. 이를 일명 페리 보고서라고 한다. 페리 보고서의 핵심은 미국이 북한의 존재를 인정하고 대화를 추진해야 한다는 것이다.[14]

---

14 박종철, 「페리프로세스와 한·미·일 협력방안」, 『연구총서』 2000-05, 통일연구원, 2000, 2쪽.

▲ 김정일 국방위원장이 클린턴 전 대통령을 접견했다. 클린턴 전 대통령은 2000년 북미 공동코뮤니케에서 방북을 약속했지만 결국 지키지 않았고 2009년에야 방북했다. (2009.8.4.)

페리 보고서 채택 이후 2000년 6월 사상 첫 남북정상회담이 열렸고 북미 사이에도 대화 분위기가 조성됐다. 같은 해 10월 9~12일 조명록 북한 국방위원회 제1부위원장이 대표단을 이끌고 방미해 클린턴 미 대통령, 매들린 올브라이트 국무부 장관, 윌리엄 코헨 국방부 장관 등과 면담했다.

이 자리에서 북미정상회담과 평화협정이 처음 명시된 외교 문서인 북미 공동코뮤니케가 채택됐다. 북미 양국의 고위 인사가 공개 석상에서 마주 앉아 성명을 채택한 건 정전협정 체결 이후 처음이었다.

4절. 종전선언을 제안하고도 평화협정을 거부한 미국

북미 간 평화협정 체결을 위한 논의는 조지 부시 정부에 의해 가로막혀 고작 몇 달도 가지 못했다.

2001년 1월 출범한 부시 정부는 북미 공동코뮤니케 합의를 걷어차며 북한을 '악의 축'으로 지목했다. 이로써 북미 공동코뮤니케는 무산됐고, 북한 붕괴를 강조하는 미국의 공세도 나날이 심각해졌다.

그런데 북한이 2005년 2월 10일 '핵보유 선언'을 하고, 2006년 10월 9일에는 풍계리 핵실험장에서 지하 핵실험에 성공하자 부시 정부의 대북 정책 기조가 바뀌었다.

같은 해 11월 18일, 부시 대통령은 베트남 하노이 에이펙$_{APEC}$ 정상회의 과정에서 열린 한미정상회담을 통해 북한과 종전선언, 평화협정을 체결할 뜻이 있다고 밝혔다. 비록 북한의 핵폐기라는 전제 조건을 들었으나 이전과는 확연히 달라진 태도였다. 북한의 핵보유 선언이 평화

▲ 노무현 대통령과 김정일 국방위원장은 평화체제 구축을 합의했다. (2007.10.3.)

협정을 거부하던 미국의 태도를 근본적으로 변화시킨 것이다.

이후 2007년 10월 4일 평양에서 남북정상회담이 열렸다. 남북 정상은 10.4공동선언 4조를 통해 "남과 북은 현 정전체제를 종식시키고 항구적인 평화체제를 구축해 나가야 한다는 데 인식을 같이 하고 직접 관련된 3자 또는 4자 정상들이 한반도 지역에서 만나 종전을 선언하는 문제를 추진하기 위해 협력해 나가기로 하였다"라고 명시했다.

하지만 이후에도 미국은 북한이 핵을 폐기하면 평화협정을 논의할 수 있다고만 했을 뿐, 관련한 행동이나 협상을 하려 들지는 않았다.

이러한 미국의 대북 정책은 정권이 바뀌어도 큰 틀에서 유지됐다. 부시 정부에 이은 버락 오바마 정부는 대북 정책으로 이른바 '전략적 인내'를 표방했다. 이는 북한이 핵개발을 알아서 포기할 때까지 대북 제재로 봉쇄하며 북한이 항복하거나 또는 스스로 무너지기를 기다리겠다는 의도였다.[15]

2010년 1월 11일, 북한은 외무성 성명을 통해 "조선전쟁 발발 60년이 되는 올해에 정전협정을 평화협정으로 바꾸기 위한 회담을 조속히 시작할 것을 정전협정 당사국들에게 정중히 제의한다"라고 밝혔다. 여기서 정전협정 당사국들은 정전협정에 서명한 미국, 중국을 말한다.[16]

이에 미국 백악관은 발표를 통해 북한의 비핵화가 선행되어야 평화협정 논의를 할 수 있다고 밝혀 사실상 논의를 거부했다.

오바마 정부 임기 만료가 6개월여 남은 2016년 6월 16~17일, 북한

---

15 김준형, 「오바마 정부의 대북정책: 무시와 활용」, 『한반도포커스』 제31호, 2015, 1~7쪽.
16 이중구, 「한반도 안보구조와 북한 평화협정 구상의 변천」, 『대외학술활동시리즈』 2018-73, 한국국방연구원, 2018, 8쪽.

관료들은 몽골에서 열린 제3회 '동북아 안보를 위한 울란바토르 대화'에 참석했다. 미국 월스트리트저널 등에 따르면 이 자리에서 북한 관료들은 "비핵화 논의를 시작하기 위해선 미국이 먼저 북한과 평화협정을 체결해야 한다"라고 강조한 것으로 알려졌다.

회의 직후 월스트리트저널 취재진과 만난 북한 외무성 관료는 "힐러리(미 국무부 장관)의 전략적 인내 정책이 조선민주주의인민공화국[북한]으로 하여금 핵억지력을 가질 수 있게 했다"라고 미국에 책임을 돌렸다. 또 다른 북한 외무성 관료는 "우리 조국은 대북 제재가 얼마나 강해지든 절대 무릎을 꿇지 않을 것"이라고 강조했다.[17]

이와 관련해 박형준 서강대 동아연구소 전임연구원은 북한의 핵무기 개발과 미사일 발사 시험은 미국의 대북 적대시 정책이 원인이며, 미국은 대북 적대시 정책을 폐기하고 평화협정을 체결해야 한다는 것이 북한의 논리라고 분석했다.[18]

2017년 11월 29일, 북한은 미국 본토까지 닿는 대륙간 탄도미사일 화성포-15형을 발사하며 국가 핵무력 완성을 선언했다. 미국 안팎에서도 북미 대결의 판도가 북한에 유리하게 뒤집혔다는 평가와 분석이 잇따랐다.

이런 분위기에서 북한은 2018년 2월 한국에서 열린 평창겨울올림픽에 김여정 노동당 부부장, 김영남 최고인민회의 상임위원장을 보냈

---

17 박의명, 「北 외무성 관료, "힐러리의 '전략적 인내', 핵개발 가능케해"」, 매일경제, 2016.6.22.

18 박형준, 「북한의 평화협정 체결 요구의 역사적 고찰과 쟁점」, 『동아연구』 제39권 2호, 서강대학교 동아연구소, 2020, 130쪽.

▲ 대륙간 탄도미사일 화성포-15형을 발사하는 장면. (2023.2.18.)

다. 그 뒤 남북 간 남북정상회담을 추진하기 위한 실무, 고위급 회의가 뒤따랐다.

두 달 뒤인 2018년 4월 27일, 판문점에서 정상회담을 개최한 남북정상은 판문점선언을 통해 "현재의 정전상태를 종식시키고 확고한 평화체제를 수립하는 것은 더 이상 미룰 수 없는 역사적 과제"임을 확인하면서 "종전을 선언하고 정전협정을 평화협정으로 전환하며 항구적이고 공고한 평화체제 구축"을 하겠다고 밝혔다.

2018년 6월 12일 싱가포르에서 사상 처음으로 열린 북미정상회담에서 북미 양국은 공동성명을 통해 "영속적이며 안정적인 평화체제"를 한반도에 수립하기 위해 노력하기로 약속했다.

2019년 2월 하노이 북미정상회담에서 북한은 미국이 민생과 관련이 있는 제재를 해제하면, 영변에 있는 핵심 핵시설을 철거하겠다고 했다. 그러나 도널드 트럼프 대통령은 회담을 결렬시키면서 평화협정 논의까지 무산시켰다. 미국이 결국 북한의 평화협정 체결 요구를 받지 않은 것이다.

이런 미국의 태도와 관련해 "미국의 입장은 명백하다. 정전협정의 틀을 유지하겠다는 것"이라면서 "정전협정은 유지하되(주한미군은 그대로 두되) 북한과는 관계 개선(수교)을 꾀할 수 있는 새로운 체제야말로 바로 미국이 원하는 것"이라는 지적이 제기된다.[19]

정전협정이 평화협정으로 대체되면 미국으로선 주한미군 철수뿐만 아니라 유엔사의 해체 가능성도 커진다. 유엔사의 역할(정전협정의 준수와 이행) 자체가 사라지기 때문이다.[20]

이 때문에 미국이 한반도에서의 영향력과 이익을 유지하려는 데 중점을 두고 평화체제 구축에 소극적이라는 분석도 있다.[21]

중요한 사실은 평화협정을 아예 거부했던 미국이, 평화협정 체결은 필요하지만 북한이 먼저 핵무기를 포기해야 한다고 태도를 바꿨다는 점이다. 북한의 핵보유 선언과 핵무력 완성 선언이 평화협정을 달가워하지 않는 미국을 끌고 온 것이다.

2017년을 기점으로는 북한의 핵미사일이 미 본토를 공격할 수 있게 되면서 미국으로선 자신의 생존을 위해 평화협정 체결이 필요해진 측

---

19 이흥환, 「'평화협정'에 속끓이는 미국」, 시사저널, 1995.6.8.
20 이상근, 『한반도 평화체제의 쟁점과 구축방향』, 국가안보전략연구원, 2019, 116~120쪽.
21 이상근, 앞의 책, 22쪽.

▲ 정전협정 체결 70주년을 맞아 평화협정 체결을 요구하며 평택미군기지를 둘러싸는 인간띠잇기 행사가 열렸다. (2023.7.27.) ⓒ 김영란

면이 있다. 이 때문에 2018년 싱가포르에서 사상 첫 북미정상회담이 열릴 수 있었다.

이후 트럼프 대통령이 후속 회담인 하노이 북미정상회담을 무산시키지 않았다면, 한반도의 평화·번영·통일을 바란 사람들의 기대감은 현실이 될 수 있었을지도 모른다.

한반도는 전 세계를 통틀어 봐도 가장 오랜 기간 정전협정을 유지 중인 지역이다. 정전협정을 체결한 지 70년도 더 흘렀지만 평화협정을 가로막는 미국 때문에 한반도의 전운은 가시지 않고 있다.

▲ 이재강 경기도 평화부지사가 파주 통일대교 앞에서 유엔사의 도라산전망대 집무실 설치 방해를 규탄하는 기자회견을 열었다. (2020.11.10.)

5장. 유엔사의 실체와 문제점

1953년 7월 27일 오전 10시 김일성 조선인민군 최고사령관, 펑더화이 중국인민지원군 사령관, 마크 클라크 유엔군 사령관이 정전협정문에 서명했다.

이들은 정전협정 4조 60항을 통해 "한국 문제의 평화적 해결을 위하여 쌍방 군사령관은 쌍방의 관계 각국 정부에 정전협정이 조인되고 효력을 발생한 후 3개월 안에 각기 대표를 파견하여 쌍방의 한 급 높은 정치회의를 소집하고 한국으로부터의 모든 외국 군대의 철수 및 한국 문제의 평화적 해결 문제들을 협의할 것을 이에 건의한다"라고 앞으로의 해결 방법까지 명시했다.

하지만 정전협정이 발효된 지 70년이 지난 오늘까지 유엔군은 한반도에서 철수하지 않았다.

유엔사United Nations Command는 현재 유엔 깃발을 휘날리며 경기도 평택시

▲ 유엔사령부 겸 한미연합사령부를 방문한 힐러리 클린턴 미 국무부 장관. (2009.2.20.)

주한미군기지 '캠프 험프리스'에 본부를 두고 있다.

유엔사는 어떤 곳이기에 한국에 주둔하고 있는 것일까? 유엔사에 대해 살펴보자.

1절. 미국의 군대, 유엔사의 탄생

미국은 유엔 안보리 결의 82호, 83호, 84호에 따라 유엔사가 설립되었다고 주장한다. 그리고 1950년 평화와 안전의 회복을 위한 유엔의 '경찰 조치'를 위해 유엔군의 일원으로 한국에 군대를 파견한 것이라고 주장해왔다.

이러한 선전 때문에 국제사회뿐만 아니라 많은 미국인과 한국인들이 유엔사가 유엔의 전문기구 또는 보조기구로 설립되었다고 믿고 있다.

지금부터 미국의 주장이 맞는지, 유엔사가 어떻게 생기게 되었는지 차근차근 알아보자.

미국은 한국전쟁이 발발하기 전인 1949년부터 루이스 존슨 국방장관의 지시에 따라 한반도에서의 무력 충돌을 가정해 유엔을 적극적으로 활용하겠다는 방안을 미리 준비해놓았다.[01]

미국, 영국, 프랑스가 주축이 된 유엔 안보리는 1950년 6월 25일 한국전쟁이 발발하자 미국의 요청에 따라 회의를 소집했다. 당시 유엔 사무총장에게 보낸 서한에서 어니스트 그로스 유엔 주재 미국 부대사는 존 무초 한국 주재 미국 대사의 전신을 토대로 "북한군이 6월 25일 이른 아침(한국 시각) 여러 지점에서 대한민국 영토를 침공했다"라고 적었다. 그러면서 북한이 "평화 파괴와 침략행위"를 저질렀다고 주장했다.

유엔 안보리는 비슷한 주장을 하는 유엔 한국위원회 전신도 참고했다. 유엔 한국위원회는 1949년 9월 4차 유엔 총회의 결의에 따라 38선 부근에서 발생하는 군사적 위협을 모두 유엔에 보고하는 활동을 하고 있었다.

유엔 한국위원회의 전신에는 "한국 정부는 6월 25일 오전 4시경 북한군이 38선을 따라 강력한 공격을 시작했다고 밝혔다"라는 말과 함께 "평양 라디오의 13시 35분 주장: 남한이 밤에 선을 넘어 침공한 것에 대해…인민군이 단호한 반격으로 침략군을 격퇴하도록 지시했다"라는 내용도 포함되어 있었다.

---

01 문관현, 「한반도 평화체제 논의에 따른 유엔군사령부 변화에 관한 연구」, 고려대학교 박사학위 논문, 2020, 78~79쪽.

이런 상황에서 유엔 안보리는 유엔 헌장 32조에 따라 남북 양국 정부 대표를 안보리 회의에 초청해 분쟁에 대한 공정한 청문회를 개최할 책임이 있다. 하지만 유엔 안보리는 한국 정부 대표로 미국 주재 한국 대사 장면을 초청했으나 북한 정부 대표는 초청하지 않았다.

당시 유엔 안보리 비상임이사국이었던 유고슬라비아 대표는 "북한 정부가 안보리에 참석해 정부의 입장을 설명하도록" 초청하는 결의안을 제출했다. 그러나 이 결의안은 유엔 안보리 비상임이사국 3개국(이집트, 인도, 노르웨이)이 기권하고 소련이 부재한 상태에서 미국과 미국 동맹 5개국의 반대로 채택되지 않았다.

당시 소련은 중국을 통일한 중화인민공화국이 대만으로 쫓겨 간 중화민국을 대신해 안보리 상임이사국이 되어야 한다며 안보리 참여를 거부하고 있었다.

이러한 상황 속에서 유엔 안보리는 1950년 6월 25일 결의안 82호를 채택해 북한이 적대행위를 중단하고 38선에서 철수해야 한다고 결정했다. 그리고 결의 이행을 위해 유엔 회원국들이 유엔에 모든 지원을 제공할 것을 촉구했다.

트루먼 미국 대통령은 해당 결의안에 있는 '모든 지원'을 무력 사용을 승인하는 의미로 판단했다. 이를 근거로 트루먼 대통령은 1950년 6월 27일 정오 남한의 이승만 정권에 미군 무기를 보내고 미 공군과 해군에 북한군을 공격하도록 명령했다.

유엔 안보리는 1950년 6월 27일 "양 당사자가 평화협상을 위한 중립적 중재자에 동의하거나 회원국 정부들의 즉각적인 중재를 수행하기 위해" 양측의 초청을 고려해달라는 유엔 한국위원회의 제안을 검토하기 위해 한반도 상황에 대한 두 번째 회의를 개최했다.

▲ 미국이 제출한 결의안에 관한 표결을 진행 중인 안보리 회의실. 결의안에 찬성하는 손을 든 7명은 미국, 영국, 프랑스, 노르웨이, 중화민국, 쿠바, 에콰도르 대표다. (1950.6.27.) ⓒ UN

그러나 미국 대표는 이 제안을 무시하고 유엔 회원국들에 "이 지역의 국제평화와 안보를 회복하고 무력 공격을 격퇴하는 데 필요한 지원을 대한민국에 제공"할 것을 권고하는 결의안을 서둘러 제출했다. 미국은 이를 이날 오후 11시 결의안 83호로 채택시킴으로써 자신들의 무력 사용 행위를 정당화했다.

그리고 1950년 7월 7일 채택한 유엔 안보리 결의 84호에 따라 통합사령부를 구성했다.

유엔 안보리 결의 84호는 3항에서 "앞서 언급한 안보리 규정(82호와 83호)에 따라 군사력 및 기타 지원을 제공하는 모든 회원국이 미국 산하의 통합사령부가 이러한 지원을 사용할 수 있게 할 것을 권고한다"라는 내용을 담았다. 그리고 4항에 "미국에 그런 군대(통합사령부)의 사령관을 임명할 것을 요청한다"라고 명시했다.

이를 토대로 통합사령부는 사령관 임명권이 있는 미국의 주도로 운영되었고 한국을 돕는다는 명목으로 참전한 16개국을 지휘했다.

이때까지 어디에도 유엔군 사령관이나 유엔사라는 명칭이 언급되지 않았던 점에 주목해야 한다. 그러나 미국은 통합사령부를 만들기 전부터 자신들을 유엔의 군대로 선전하기 시작했다.

이 같은 상황을 가장 잘 보여주는 사례가 경기도 오산 죽미령 전투다. 죽미령 전투는 통합사령부가 꾸려지기도 전인 1950년 7월 5일에 일어났지만 미국은 유엔군의 첫 전투로 소개하고 있다. 지금도 죽미령에는 '유엔군 초전기념관'이 있으며 기념행사도 한다.

트루먼 대통령은 1950년 7월 8일 미 극동군 사령관인 맥아더를 첫 번째 통합사령관으로 임명했다. 그러나 통합사령관으로 부르기보다는 유엔군 사령관이라고 불렀다.

당시 상원 외교관계위원회 위원장이었던 톰 코넬리는 트루먼 대통령이 1950년 6월 30일 백악관 회견에서 그와 의회의 중요 인사들에게 "맥아더는 미국 사령관으로서뿐만 아니라 유엔군 사령관으로서도 싸우고 있다"라고 말했다고 밝히기도 했다.[02]

트루먼 대통령도 자신의 회고록에서 "우리는 한국에서 유엔을 대신해 유엔의 이름으로 존재했다. 내가 맥아더에게 위임한 '통합사령부'는 유엔사였다"라며 유엔사라는 명칭 사용을 자신이 승인했음을 드러

---

02 Thomas Terry Connally, 『My Name is Tom Connally』, Thomas Y. Crowell Company, 1954, 349쪽.

▲ 전세가 불리해지자 국가비상사태를 선포하는 트루먼 대통령. (1950.12.16.)

냈다.[03]

맥아더는 1950년 7월 11일 트루먼 대통령에게 답장을 보내며 "한국에서 근무하게 된 국제군대의 유엔군 사령관"이라고 명시했고, 트루먼 대통령도 이날 회신을 보내며 맥아더를 "주한 국제군대의 유엔군 사령관"이라고 칭했다. 그리고 7월 25일 도쿄에 군사령부를 꾸리면서 공식적으로 유엔사라는 이름을 사용했다.

유엔 안보리 결의 84호 5항은 북한군을 겨냥한 작전 과정에서 통합

---

03 Harry S. Truman, 『Memoirs by Harry S. Truman』 Vol. II, William S. Konecky Associates, 1956, 378쪽.

▲ 유엔사 표식. 유엔기를 변형해 만들었고 16개의 별은 16개 참전국을 의미한다.

사령부가 함께하고 있는 유엔 회원국들의 국기들과 함께 재량에 따라 유엔기United Nations flag를 사용할 수 있음을 허가했다. 이에 따라 맥아더는 팔레스타인에서 사용되었던 유엔기를 유엔사 깃발로 쓰기로 했다.

  미국은 정전협정을 맺은 후에도 유엔사를 일본에서 이동시키지 않다가 1957년 7월 1일 서울로 이전하며 주한미군 주둔의 명분으로 활용하고 있다. 그리고 일본에 '유엔군 후방사령부United Nations Command-Rear'를 두며 현재까지 주일미군 주둔의 명분으로 활용하고 있다.

2절. 유엔사의 문제점

1. 유엔과 무관한 기구

많은 사람이 유엔사를 유엔의 군대로 알고 있다. 물론 유엔사를 통상적으로 유엔군의 사령부라고 말하지만 여기서 말하는 유엔군은 유엔 헌장에 따라 조직한 유엔군과 다르다.

다시 말해, 유엔사는 유엔 헌장 43조에 규정되어 있는, 유엔 안보리와 유엔 회원국들 사이의 합의 체결을 바탕으로 유엔 안보리 주도 아래 운용될 수 있는 유엔군과 그 성격이 다르다.[04]

두 유엔군의 혼동을 해소하고자 이 절에서는 유엔 헌장에 따른 유엔군을 '유엔 산하 유엔군'으로, 유엔사 지휘를 받는 유엔군을 '유사 유엔군'으로 표현하고자 한다.

유엔 안보리는 '유엔 산하 유엔군'을 창설할 권한이 없고, 유엔 총회에 그 권한이 있다. 하지만 유엔 총회에서 한반도에 파견할 '유엔 산하 유엔군' 창설은 결정된 바 없다.

즉, 유엔사는 미국 주도의 군사 조직일 뿐이다. 이와 관련하여 로절린 히긴스 전 국제사법재판소 소장은 '작전적인 관점에서' 본질적으로 유엔사는 일본 도쿄에 자리 잡은 미국 극동사령부에 불과했다고 비평한 바 있다.[05]

---

04 정태욱, 「주한 '유엔군사령부'(UNC)의 법적 성격」, 『민주법학』, 제34권, 2007, 205쪽.
05 Rosalyn C. Higgins, 『United Nations Peacekeeping: 1946-1967 Documents and Commentary』 Vol. II, Oxford University Press, 1970, 195 196쪽.

미국은 맥아더를 '유사 유엔군' 사령관으로 임명하는 과정에서 유엔 내 그 어떤 기관의 동의 또는 추인도 받지 않았다. 이후 벌어진 맥아더 경질과 리지웨이, 클라크로 이어지는 '유사 유엔군' 사령관 임명 역시 유엔과 관련 없이 미국의 결정으로 이뤄졌다.[06]

유엔 안보리 결의가 '권고'만 했다는 점에서 한국전쟁 시기 16개 국가의 참전은 유엔의 조치가 아니라 각국의 조치였다.

그런데도 유엔사가 유엔의 군대처럼 행세하자 국제사회는 이 문제를 확실히 확인할 필요가 있다고 요구했다.

이에 유엔 법무국은 통합사령부, 유엔사, 유엔의 관계를 검토했고 해답을 1994년 법률각서에 명시했다.

법률각서에는 ▲"안보리가 통합사령부를 그 통제하에 있는 보조기관으로 설립하지 않았다" ▲"대한민국에 있는 통합사령부는 걸프전에 세운 동맹 다국적군과 다르지 않다" ▲"'유엔사'는 잘못된 명칭이다" 등의 내용이 담겼다.[07]

부트로스 부트로스갈리 당시 유엔 사무총장 역시 1994년 6월 24일 북한 외무상에게 보낸 편지에서 "안보리는 유엔 산하 조직으로서 통합사령부를 설립한 적이 없으며, 단지 미국 주권 하에 배치되어 있다"라고 지적했다.

이후에도 이러한 사실은 여러 차례 재확인되었다.

1998년 당시 코피 아난 사무총장은 유엔사 창설에 대해 "나의 전임자들 누구도 유엔 이름을 사용하도록 어떤 국가에 어떤 권한도 위임한

---

06 Rosalyn C. Higgins, 앞의 책, 196쪽.
07 United Nations, 『United Nations Juridical Yearbook 1994』, 2001, 501~502쪽.

적이 없다"라고 밝혔다. 2004년과 2006년, 반기문 사무총장의 대변인도 "유엔사는 그 이름에도 불구하고 유엔이 아닌 미국이 주도하는 군대이다"라고 확인했다.

로즈마리 디카를로 유엔 사무차장(유엔 주재 미국 부대사 역임)은 2018년 9월 27일 유엔 안보리 회의 공식 석상에서 "그 이름에도 불구하고 주한 '유엔사'는 유엔 활동이나 조직이 아니고, 유엔의 지휘와 통제 아래 있는 것도 아니다. 안보리의 하부 조직으로 설치된 것도 아니며 유엔 예산을 통해 자금을 받지도 않는다. 따라서 '유엔사'와 유엔 사무국 사이에는 아무런 보고 체계도 없다"라고 밝혔다.

2. 불법적인 유엔기 사용

유엔 안보리 결의 84호는 유엔 깃발을 사용할 수 있는 권한을 사령관한테 부여한다고 되어 있다. 그러니 통합사령부건 유엔사건 간에 이름이 중요한 것이 아니라 유엔기를 사용할 수 있게 했으면 된 것 아니냐고 생각할 수 있다.

그러나 유엔 깃발 사용을 승인한 것부터 유엔 법률 위반이다. 유엔깃발법에 따르면 군사작전에서의 유엔기 사용을 승인할 수 있는 법적 자격은 오직 유엔 사무총장만 가지고 있다. 따라서 유엔 안보리의 1950년 7월 7일의 유엔 깃발 사용 승인은 불법이었다.

물론 당시 미국과 트뤼그베 리 유엔 사무총장은 이를 정당화하려는 움직임을 보였고 1950년 7월 28일 유엔깃발법을 개정했다. 미국은 이를 근거로 유엔사에 유엔기를 걸어왔다.

하지만 결론적으로 현재 유엔깃발법은 유엔과 무관한 유엔사가 유

▲ 일본 도쿄에 있던, 맥아더 사령관이 자리잡은 사령부 건물 옥상에 걸려 있던 유엔 깃발.

엔기를 걸 수 없다고 규정하고 있다.

 오늘날 유엔사가 유엔기를 계속 게양하려면 유엔사의 업무가 유엔 공식 업무이고 유엔사가 유엔 조직임을 증명해야 한다. 그리고 유엔 사무총장의 승인도 받아야 한다. 물론 그런 후에도 유엔깃발법에 따라 유엔기를 일시적으로만 게양할 수 있다.

 일각에선 유엔 스스로 유엔사와 무관하다고 밝혔으므로 유엔사의 노력이 성공할 가능성은 0이라고 주장한다.

 유엔기를 달지 않는다고 하더라도 유엔깃발법 8조(금지사항)에 따라 출판물, 휘장 등 어떤 곳에서도 유엔기를 함부로 사용할 수 없다. 유엔 사무총장의 승인을 받아야 하고, 유엔 또는 유엔을 대신한 곳에서 발행하는 것임을 증명해야 하며, 그 상태 그대로 사용해야 한다.

그러므로 유엔사 홈페이지나 보도자료, 매년 발간되는 『전략 다이제스트』 같은 정기간행물에 사용된 유엔기는 물론이고 유엔사 군인들의 복장에 부착된 휘장 속 변형된 유엔기 모두 불법이다.

3. 한국전쟁 중 유엔 안보리 결의 위반

유엔사는 1950년 9월 15일 미국의 진두지휘 아래 인천에 7만여 명의 병력을 상륙시킨 후 서울도 탈환하고 남과 북을 가르는 38선을 향해 계속 진격했다. 그리고 9월 27일 미국 합동참모본부(이하 '합참')는 맥아더에게 새로운 군사 목표인 "북한 군대 파괴"를 위해 분단선을 넘도록 승인했다.[08]

10월 1일 국군 제1군단은 "38선을 넘어 원산으로 진격했"고 맥아더는 이날 도쿄에서 북한군에게 항복하라는 요구를 발표했다.[09]

이는 유엔 안보리 결의를 위반하는 결정이다.

유엔 안보리는 결의 82호에서 북한이 적대행위를 중단하고 38선 이북으로 철군해야 한다고 명시했고, 83호와 84호에선 "한국에 무력 공격을 격퇴하고 해당 지역의 국제평화와 안보를 회복하는 데 필요한 지원을 제공"하는 데만 무력을 사용할 수 있게 했다.

애치슨 국무부 장관 역시 1950년 6월 29일 미군이 "침략 이전의 상

---

08 Callum A. MacDonald, 『Korea: the War Before Vietnam』, Free Press, 1986, 49쪽.

09 Wada Haruki, 『The Korean War: An International History』, Rowman & Littlefield, 2018, 126쪽.

▲ 해리 베일리 미군 소령이 한반도와 일본 지도를 배경으로 서서 북한 신의주 지역을 가리키고 있다. 당시 유엔사는 신의주 지역에 여러 차례 폭격을 진행했다.

태로 한국을 회복하기 위한 목적으로만" 싸우고 있다고 선언했다.[10]

하지만 1950년 7월 중순부터 트루먼 정부는 북한 영토를 침공해 점령하려는 야욕을 드러냈다. 트루먼 대통령은 7월 17일 국가안전보장회의$_{NSC}$에 이와 관련한 연구를 요청해 '한국에 대한 미국의 조치 절차' 보고서를 만들어냈다.

트루먼 대통령은 1950년 9월 11일 해당 보고서를 승인했고 합참에 "북한 점령 가능성에 대한 계획을 세우도록 주한 유엔군 사령관에 대한 지휘"를 인가하도록 권고했다.

---

10 Joseph C. Goulden, 『Korea: The Untold Story of the War』, McGraw-Hill Companies, 1983, 237쪽.

또한 트루먼 정부는 보고서에서 "대한민국 하 통일정부"라는 목표를 달성하기 위해 북한군을 38선 이북으로 밀어내는 것을 넘어서 "유엔 안보리 결의에서 승인하지 않은" 38선 이북에서의 군사 조치를 해야 한다며 "이 정치적 목표를 추진하기 위해 군사 조치를 위한 유엔 승인"을 새로 받을 필요가 있다고 결론지었다.

이를 정당화하기 위해 미국은 1950년 10월 7일 유엔 총회에서 결의안을 통과시켰다. 하지만 이는 두 가지 부분에서 문제가 있다.

먼저, 유엔 총회 결의안 통과 이전인 1950년 10월 1일 이미 '유사 유엔군'은 한국군과 함께 38선을 넘어 북한으로 진격했다.[11]

두 번째로, 해당 결의안이 한반도에서 살아가는 사람들의 자결권을 침해한다는 점에서 문제가 있다. 자결권은 유엔 헌장 제1조 2항에서 보장하고 있기 때문이다.[12]

4. 꼼수로 연명하는 유엔사

1972년 7월 4일 자주, 평화통일, 민족대단결이라는 조국통일 3대 원칙을 천명한 남북공동성명이 발표되자 유엔사 해체에 대한 국제적 목소리가 높아졌고 관련해 유엔에서 논의도 있었다.

국제사회는 유엔 안보리가 유엔사 해체를 협의해야 한다는 내용의

---

11 우리역사넷 '6.25전쟁 냉전과 분단이 낳은 동족상잔의 비극' 항목, https://bit.ly/45F9fdJ, 2023.10.21. 최종 확인.

12 가짜 '유엔사' 해체를 위한 국제캠페인, 『"유엔사령부"의 실체와 그 문제점』, 4.27시대, 2021. 50쪽.

1974년 12월 17일 유엔 총회 결의 3333호를 채택했다. 이에 미국은 1975년 6월 27일 유엔 안보리 의장에게 해당 사항에 동의하는 서한을 보냈고 되도록 한국 내에서 '유사 유엔군'을 노출하지 않는 방향을 취했다.

유엔 총회는 다시 한번 1975년 11월 18일 두 개의 결의를 채택했다. 바로 유엔 총회 결의 3390호(A)와 3390호(B)다. 3390호(A)는 앞서 언급한 내용과 다르지 않지만 3390호(B)에는 유엔사 해체 문제는 물론 정전협정을 평화협정으로 대체할 것을 촉구하는 내용이 담겼다.

한국전쟁 당시 군대를 파견했던 일부 국가들이 3390호(B)를 지지(에티오피아)하거나 기권(그리스, 필리핀, 태국)했다는 점도 주목할 부분이다.

미국은 유엔사가 더 이상 존재하기 어려워지자 1978년 11월 7일 '한미연합사령부'를 창설하고 유엔사의 기능과 역할을 정전협정 관련 임무로만 축소했다. '유사 유엔군' 사령관이 계속 보유하고 있던 작전통제권은 한미연합사령관에게 이양되었다.[13]

하지만 주한미군 사령관이 한미연합사령관도 맡고 '유사 유엔군' 사령관도 겸직했다는 점에서 눈속임이었다. 한때 유엔사 소속이었던 주한미군 병력 2만여 명은 한미연합군 소속으로도 활동했다.

정전협정이 평화협정으로 전환되고 유엔사를 해체해야 하는 등의 큰 변화가 오는 것에 대비해 자국 사령관 1명에게 세 개의 사령관 모자를 씌워놓은 것이다. 그리고 한국 정부나 사회가 침묵 속에 추종하도

---

13 박휘락·김병기, 「한미연합사령부 해체가 유엔군사령부에 미치는 영향과 정책제안」, 『신아세아』 제19권 제3호, 2012, 85쪽.

▲ 유엔사의 지휘를 받는 경비정이 한강하구를 순찰하고 있다. (2016.6.)

록 환경을 조성해 한반도에서 버티고 있는 것으로 보인다.

　미국은 자신들과 유엔사가 거리가 있는 것처럼 보이도록 노력하고 있다. 그런 노력의 하나가 유엔사 부사령관 임명이다. 원래 부사령관의 경우 미군 장성들이 맡아왔지만 2018년 캐나다 육군 장군이 임명된 것을 시작으로 2019년 호주 해군 중장이, 2021년부터 2023년 현재까지 영국군 장성이 맡고 있다.

　하지만 한국전쟁 초반에 출범한 유엔사 16개 회원국의 군대는 정전협정 체결 이후 병력을 철수해 1970년대 초반 대부분 자국으로 돌아갔다. 미군과 함께 명분을 유지하던 태국군 1개 중대마저 1972년 6월 본국으로 귀환함에 따라 유엔사에는 미군과 깃발만 남아있게 되었다.

　즉, 1950년 유엔 안보리 결의에 따라 구성된 '통합사령부'는 사실상 해체되었고 미국이 만든 유엔사만 남은 것이다. 일각에서 지금 있는 유엔사가 '가짜'라고 주장하는 이유가 여기 있다.

미국은 유엔사를 유지하고 다국적군으로 재활성화하기 위해 우방국들을 긁어모았다. 2010년 호주가 일본에 있는 '유사 유엔군' 후방사령부를 지휘할 장교 1명을 보내기로 합의했다. 2011년 캐나다가 3명의 장교를 유엔사로, 1명을 후방사령부로 보냈다.

이러한 노력은 2018년 1월 미국과 캐나다의 '한반도 안보 및 안정에 관한 밴쿠버 외무장관회의' 공동 주최로 이어졌다. 이 회의는 새로 구성된 유엔사 회원국을 중심으로 북한에 대한 압박을 확대하고 강화하기 위해 열린 것으로 한국과 일본도 참석했다.

5. 남북협력 방해하는 유엔사

유엔사는 남북협력사업을 승인하거나 차단하는 규제기관의 역할을 불법적으로 행사하고 있다.

2002년 금강산 육로관광이 시작되려고 하자 유엔사는 금강산 관광객 등이 비무장지대$_{DMZ}$에 출입하거나 군사분계선을 넘을 때 정전협정 규정을 엄격히 적용하겠다면서 사전승인을 받아야 한다고 주장했다.

2018년 8월 '유사 유엔군' 사령관은 북한의 철로 상태에 대한 남북 공동조사를 위해 남한 철도차량이 북한을 방문하는 것을 불허했다. 불허 사유는 한국 정부가 제출한 서류가 불충분하다는 것이었다.

이재강 경기도 평화부지사가 2020년 11월 9일 개성공단 재개를 위해 현장 집무실을 도라전망대에 마련하려 했을 때 유엔사가 승인하지 않아 임진각 평화누리 바람의 언덕에 임시 사무실을 마련하고 업무를 보는 상황도 벌어졌다.

▲ 여러 시민단체가 유엔사 해체를 촉구하는 기자회견을 공동으로 개최했다.
(2019.10.24.)

이 부지사에 따르면 유엔사는 불허한 이유를 구체적으로 설명하지 않았다.

그 외에도 ▲민화협 새해맞이 행사 취재 장비 반출 요구 불허(2019.2) ▲통일부 차관 등 한독 통일자문위 고성 GP 방문 신청 불허(2019.6) ▲통일부 장관 대성동 마을 방문, 기자단 출입 불허(2019.8) ▲전국체전 100회 기념 공동경비구역 성화 봉송 불허(2019.10) 등 유엔사가 불허한 사례는 많다.

유엔사를 통한 미국의 내정 간섭은 유엔 헌장 2조 "평등권과 민족자결권의 원칙에 대한 존중에 기반하여 국가 간 우호 관계를 발전시키려는 것"과 3조 "모두를 위한 인권과 기본적 자유에 대한 존중을 증진하고 장려한다"라는 유엔 헌장의 주된 목적을 위반한 행위다.

앞서 본 대로 애당초 정전협정 이후 사라져야 할 유엔사가 아직도 이름을 유지하는 것도 문제지만 안보리 결의대로 평화를 추구해야 할 유엔사가 한반도 평화로 나아가는 남북협력을 방해한다는 것도 이상한 일이다.

유엔사는 오늘날 비무장지대 출입과 군사분계선 통행 가능 여부를 결정하는 것과 더불어 남북의 군사행동이 정전협정을 준수하는지 조사 및 판단하고 있다.

그러나 정전협정문에는 비무장지대 출입과 군사분계선 통행에는 군사정전위의 특정한 허가를 기본으로 하되, 군사분계선 이남에서의 민사행정 및 구제사업에 대해선 '유사 유엔군' 사령관이 책임진다고 되어 있다.

정전협정 위반에 대한 조사와 처리 권한은 정전협정 24항, 27항에 따라 유엔사가 아니라 군사정전위가 가지고 있다.

물론 1994년 5월 29일 북한이 군사정전위 폐쇄를 통보함으로써 군사정전위는 사라졌다. 그러한 이유로 유엔사 군사정전위가 군사정전위의 절반이니 절반만의 효력이라도 가진 것처럼 생각할 수 있다. 하지만 군사정전위는 쌍방에 의해서만 성립될 수 있지 홀로 있을 수 없다는 점에서 유엔사 군사정전위는 군사정전위 역할을 할 수 없다.

유엔사는 궁여지책으로 대안을 냈다. 정전협정 25항 ㅈ목에 군사정전위의 역할로서 나온 쌍방 사령관의 통신을 중개하는 기능을 하는 데 다른 방법의 사용을 배제하지 않는다는 예외 규정을 활용해 이른바 '핑크폰'을 통해 북한과 통신을 유지하고 있다.

핑크폰은 판문점 남측지역 내 유엔사 일직 장교 사무실에 놓인 연분홍색 전화기다. 이 전화기가 북측 판문각에 놓인 전화기와 직통한다고 알려져 있다.

그러나 이는 군사정전위와 무관한 그저 '다른' 소통 방법일 뿐이다. 북한군 군사정전위가 복귀하지 않는 한 유엔사 군사정전위는 군사정전위가 될 수 없다. 따라서 유엔사 군사정전위의 정전협정 위반 여부 단독 조사는 군사정전위 조사권과는 무관하고 정전협정 위반이다.

유엔사 군사정전위가 조사하려면 북한군과 상의해 군사정전위를 복원시켜야 한다. 일각에선 그럴 생각이 없는 유엔사엔 남북관계와 관련해 가타부타할 권한이 없다고 주장한다.

정리하자면, 유엔사는 ▲유엔과 무관하지만 유엔의 군대를 표방하고 있는 점 ▲유엔기를 불법적으로 사용하고 있는 점 ▲한국전쟁 중 유엔 안보리 결의를 위반한 점 ▲유엔사를 해체하지 않고 눈속임으로 유지하고 다국적군으로 만들려는 점 ▲남북협력을 방해하는 점 등의 문제점을 가지고 있다.

유엔사가 시작부터 미국의 손아귀에서 놀아나고 있는 군사 조직이라는 주장이 나오는 이유도 이러한 유엔사의 문제점들에서 비롯한 것으로 보인다.

하지만 정전 70년인 2023년에도 유엔사가 자신들의 문제점을 돌아보지 않고 있어 앞으로도 한반도에 주둔하며 남북관계 발전보다 분단을 유지하는 요소로 작용할 것으로 우려된다.